Performativitet
Teoretiska tillämpningar i konstvetenskap: 1

Malin Hedlin Hayden & Mårten Snickare (red.)

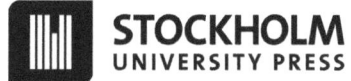

Published by
Stockholm University Press
Stockholm University
SE-106 91 Stockholm, Sweden
www.stockholmuniversitypress.se

Text © The Author(s) 2017
License CC-BY

Supporting Agency (funding): Department of Culture and
Aesthetics, Stockholm University and Stiftelsen Längmanska
kulturfonden: http://www.langmanska.se/

First published 2017
Cover Illustration: WA1942.192 follower of Agostino Carracci,
'Recto: Study of a male Head, three of Hands, and six small
studies of a Lute-player'
Reproduced by permission of © Ashmolean Museum,
University of Oxford. License CC-BY-NC-ND
Cover designed by Karl Edqvist, SUP

Basic Readings in Culture and Aesthetics

ISSN (Online) 2002-6463
ISBN (Paperback): 978-91-7635-047-8
ISBN (PDF): 978-91-7635-044-7
ISBN (EPUB): 978-91-7635-045-4
ISBN (MOBI): 978-91-7635-046-1

DOI: https://doi.org/10.16993/bal

This work is licensed under the Creative Commons Attribution
4.0 Unported License. To view a copy of this license, visit
creativecommons.org/licenses/by/4.0/ or send a letter to
Creative Commons, 444 Castro Street, Suite 900, Mountain
View, California, 94041, USA. This license allows for copying
any part of the work for personal and commercial use,
providing author attribution is clearly stated.

Suggested citation:
Hayden, M. H. & Snickare, M. (red.) 2017. *Performativitet:
Teoretiska tillämpningar i konstvetenskap: 1*. Stockholm:
Stockholm University Press. DOI: https://doi.org/10.16993/bal.
License: CC-BY 4.0

 To read the free, open access version of this book
online, visit https://doi.org/10.16993/bal or scan
this QR code with your mobile device.

Basic Readings in Culture and Aesthetics

Basic Readings in Culture and Aesthetics (BaRCA) is a peer-reviewed series of monographs and edited volumes published by Stockholm University Press. BaRCA provides a publishing platform for academic textbooks built on high-quality research mainly within the disciplines of Art History, Heritage Studies, Curating Art, History of Ideas, Literary Studies, Musicology, and Performance and Dance Studies.

It is the ambition of BaRCA to place equally high demands on the academic quality of the manuscripts it accepts as those applied by international academic publishers of a similar orientation. BaRCA accepts manuscripts in English and Swedish.

Editorial Board

Staffan Bergwik, Associate Professor of History of Ideas at the Department of Culture and Aesthetics at Stockholm University

Jørgen Bruhn, Professor of Comparative Literature at the Centre for Intermedial and Multimodal Studies at Linnaeus University in Växjö

Elina Druker, Associate Professor of Literature at the Department of Culture and Aesthetics at Stockholm University

Johanna Ethnersson Pontara, Associate Professor of Musicology at the Department of Culture and Aesthetics at Stockholm University

Kristina Fjelkestam, Professor of Gender Studies at the Department of Ethnology, History of Religions and Gender Studies at Stockholm University

Malin Hedlin Hayden, Professor of Art History at the Department of Culture and Aesthetics at Stockholm University

Christer Johansson (coordination and communication), PhD Literature, Research Officer at the Department of Culture and Aesthetics at Stockholm University

Jacob Lund, Associate Professor of Aesthetics and Culture at the School of Communication and Culture - Aesthetics and Culture, Aarhus University

Catharina Nolin, Associate Professor of Art History at the Department of Culture and Aesthetics at Stockholm University

Ulf Olsson (chairperson), Professor of Literature at the Department of Culture and Aesthetics at Stockholm University

Meike Wagner, Professor of Theatre Studies at the Department of Culture and Aesthetics at Stockholm University

Titles in the series

Hedlin Hayden, Malin & Snickare, Mårten (red.) 2017. *Performativitet. Teoretiska tillämpningar i konstvetenskap:* 1. Stockholm: Stockholm University Press

Riktlinjer för sakkunniggranskning

Stockholm University Press sakkunniggranskar alla publikationer i två steg. Varje bokförslag skickas till ett redaktionsråd av experter inom ämnesområdet samt till två oberoende experter. Den fullständiga bokmanuset granskas i sin helhet av två oberoende experter.

En utförlig beskrivning av förlagets riktlinjer för sakkunniggranskning finns på webbplatsen: http://www.stockholmuniversitypress.se/site/peer-review-policies/

Redaktionrådet för Basic Readings in Culture and Aesthetics tillämpar enkel sakkunniggranskning av bokförslag och manuskript. Vi vill tacka alla granskare som är involverade i denna process. Ett särskilt tack till dem som har sakkunniggranskat bokmanuset till den här boken.

Innehåll

Bildförteckning vii

Inledning ix

Bildhandlingar: Att skapa mening med
Titusbågen 1
Mårten Snickare

När design görs (o)görs kön: Om görandebilder,
genus och genre 17
Johanna Rosenqvist

Anrop och svar: Om det politiska utrymmet i Janet
Cardiffs ljudinstallation *Forty-Part Motet* 44
Anna Lundström

Den performativa blicken 62
Peter Gillgren

Jag är kanon: Om ORLANs performativa
performance 80
Malin Hedlin Hayden

Litteraturförteckning 101

Författarpresentationer 112

Bildförteckning

1 *Titusbågen* i Rom, uppförd 82 e.Kr. Fotograf: Mårten Snickare (Copyright CC-BY-NC-ND) 4

2 Reliefen på Titusbågens nordöstra sida, 82 e.Kr. Fotograf: Mårten Snickare (Copyright CC-BY-NC-ND) 6

3 Reliefen på Titusbågens sydvästra sida, 82 e.Kr. Fotograf: Mårten Snickare (Copyright CC-BY-NC-ND) 6

4 *FORM* 1987/6 s. 60–61. Fotograf: Fredrik von Matérn (Copyright CC-BY-NC-ND) 20

5 *FORM* 1983/8 s. 34–35. Fotograf: okänd (Copyright CC-BY- NC-ND) 28

6 *FORM* 1983/6, s. 34–35. Elisabet Hasselberg-Olsson *Minnet av ett landskap* 1982–83. Fotograf: Anders Qwarnström (Copyright CC-BY-NC-ND) 32

7 Janet Cardiff *Forty-Part Motet (A reworking of "Spem in Alium" by Thomas Tallis 1573)* (2001), 2006. Fotograf: Per-Anders Allsten/Moderna Museet, Stockholm (Copyright CC-BY-NC-ND) 47

8 Artemisia Gentileschi, *Susanna i Badet,* 1610, olja på duk, 170 × 119 cm. Schloss Weißenstein, Pommersfelden (Tyskland). Källa/fotograf: Wikimedia Commons/Web Gallery of Art (Copyright CC-0, Public Domain) https://commons.wikimedia.org/wiki/File:Susanna_and_the_Elders_(1610),_Artemisia_Gentileschi.jpg 63

9 Quentin Matsys, *Myntväxlarna,* 1514, olja på pannå, 71 × 67 cm. Louvren, Paris (Frankrike). Källa/fotograf: Wikimedia Commons/The Yorck

Project (Copyright CC-0, Public Domain) https://commons.wikimedia.org/wiki/File:Quentin_Massys_001.jpg 68

10 Santi di Tito, *Korsfästelse med helgon*, 1593, olja på pannå, 362 × 233 cm. San Marco, Florens (Italien). Källa/fotograf: Wikimedia Commons/ Web Gallery of Art (Copyright CC-0, Public Domain) https://commons.wikimedia.org/wiki/File:Santi_di_Tito_-_Vision_of_St_Thomas_Aquinas_-_WGA22722.jpg 74

11 ORLAN, *Closed-up on one of Laughters During the Operation*. Serie: 7th Surgery-Performance Titled Omnipresence. Date: 21 november 1993. Cibachrome diasec mount. 65 × 43 inch. Fotograf/institution: ORLAN (Copyright CC-BY- NC-ND) 81

12 ORLAN, *Lacan Operates: Reading and Proceed to Act with Paco Rabanne dress*. Serie: 4th Surgery-Performance Titled Successful Operation. Date: 8 december 1991. Cibachrome diasec mount. 65 × 43 inch. Fotograf/institution: ORLAN (Copyright CC-BY- NC-ND) 84

13 ORLAN, *I'm reading, he's operating me*. Serie: 5th Surgery-Performance Titled Operation Opera. Date: 6 july 1991. Cibachrome diasec mount. 65 × 43 inch. Fotograf/institution: ORLAN (Copyright CC-BY- NC-ND) 84

14 ORLAN, *4th Surgery-Performance Titled Successful Operation*. Serie: 4th Surgery-Performance Titled Successful Operation. Date: 8 december 1991. Cibachrome diasec mount. 65 × 43 inch. Fotograf/institution: ORLAN (Copyright CC-BY- NC-ND) 94

Inledning
Malin Hedlin Hayden & Mårten Snickare

Det är med hjälp av begrepp som vi skapar – och alltså gör – betydelser. När vetenskapliga praktiker förändras framstår nya frågor som mer relevanta och angelägna, medan frågor som tidigare stod i centrum förskjuts till marginalen. Därmed förändras också tolkningsperspektiv och teorier. Nya begrepp lanseras och börjar användas av alltfler medan etablerade perspektiv ifrågasätts och omförhandlas. Inom de humanistiska vetenskaperna sker förskjutningar av intresse och praktiker hela tiden. Vid sidan av undersökningar som fokuserar strukturer, system och positioner har forskare under de senaste decennierna alltmer intresserat sig för processer, praktiker och förändringar. *Aktörer*, *agens* och *relationer* är ofta återkommande begrepp och det framstår för många forskare som allt viktigare att undersöka också vad någon *gör* i relation till vad någon *är*.[1] Även texter, bilder och föremål tillskrivs numera ofta ett "socialt liv" och därmed en förmåga att influera och påverka de människor som möter och handskas med dem.[2] Ur ett sådant perspektiv är det viktigt att undersöka inte bara vad vi gör med en bild eller något annat objekt utan också vad själva bilden eller objektet gör. Vad man kan tala om som bildens agens är ofta

---

Hur du refererar till det här kapitlet:
Hayden, M. H. and Snickare, M. 2017. Inledning. I Hayden, M. H. and Snickare, M. (red.) *Performativitet: Teoretiska tillämpningar i konstvetenskap: 1.* Pp. ix–xxiv. Stockholm: Stockholm University Press. DOI: https://doi.org/10.16993/bal.a. License: CC-BY 4.0

lika viktigt som vad bilden sägs representera. Vi tänker, tolkar och skriver i relation till de specifika bilder och objekt vi studerar.

En intressant parallell till den här förändringen kan man hitta inom de konstnärliga praktikerna där händelser, situationer och relationer alltmer kommit i fokus. Om ett konstverk tidigare uppfattades som ett autonomt, fysiskt objekt med en redan given mening förstås det numera oftare i termer av *handling, process* och *transformation*. Betraktarens roll som medaktör av själva verket framstår som allt viktigare.[3] Betraktaren som *uttolkare* har därmed inneburit att också kraven ökat på forskares och studenters självreflexivitet och förmåga att förstå de egna tolkningarna som skapande handlingar i sig.[4] Även förståelsen av *historia* har förändrats. Om "historia" tidigare ofta sågs som synonymt med "det förflutna" uppfattas det idag snarare som ett narrativ, och därmed en tolkande praktik; en praktik som utgår från olika typer av dokument och objekt, men där konstverk och byggnader likaväl som tidigare tolkningar alltjämt hör till de centrala analysobjekten.[5]

Dessa parallella och sammanhängande förändringar inom humaniora och i konstvärlden har ibland pekats ut som en "performativ vändning".[6] Begreppet *performativitet* har blivit alltmer använt och synligt inom båda praktikerna. Numera stöter man ofta på begreppet i utställningskataloger och recensioner likaväl som i vetenskapliga och andra teoretiska texter.

Men vad betyder performativitet? Och vad innebär det att tala om något som performativt? I den här boken vill vi visa hur performativitet kan användas i ett konstvetenskapligt sammanhang, hur begreppet kan bli verksamt och funktionellt i relation till olika undersökningsobjekt och tolkningsperspektiv. Vår avsikt är alltså att klargöra och kritiskt belysa ett viktigt men ibland svårfångat begrepp genom att arbeta med det i konkreta tolkningssituationer: att utföra tolkningar och därmed visa på direkta tilllämpningar av begreppet. Syftet är att på så vis förmedla den kritiska potential som ett begrepp har när det aktiveras i relation till olika studieobjekt.

Du som läser kommer snart att se att vi som skriver här inte alltid menar precis samma sak med performativitet. Det beror på att ett begrepp, liksom ord generellt, kan ha en allmän och övergripande definition på en nivå medan det får en mer specifik innebörd och funktion när det tillämpas.[7] Det är i mötet med studieobjektet, i den specifika tolkningssituationen, som begreppet aktualiseras och konkretiseras. I den här boken vill vi alltså inte bara visa vad performativitet *betyder*, utan framförallt vad vi kan *göra* med begreppet inom konstvetenskapliga studier.

En kort begreppshistoria

Hur ser förhållandet ut mellan språket och världen utanför språket? Är det språk som vi talar och skriver framförallt ett redskap för att beskriva, och därmed representera, verkligheten? Som när vi tittar ut genom fönstret och säger "det regnar idag". Ett sådant påstående kan vara sant eller falskt men "regnet" därute faller oberoende av vad vi säger om det. Eller är det också så att våra språkliga utsagor kan *göra* något med världen, förändra den, få saker att hända? Det vill säga, kan orden vi yttrar förstås som handlingar med egenskapen att påverka?

Det här var frågor som sysselsatte den brittiske språkfilosofen J. L. Austin (1911–1960) på 1950-talet. Han menade att filosofer och lingvister hade stirrat sig blinda på språkets beskrivande och konstaterande (*constative*) funktion. I en serie föreläsningar, som så småningom publicerades under titeln *How to Do Things with Words*, visade han hur våra *talhandlingar* också kan ha ett mer aktivt – interagerande – förhållande till världen utanför språket.[8] För att peka ut den aspekten av språket introducerade han begreppet performativ (*performative*) som han härledde ur engelskans *perform* i betydelsen "att utföra en handling".[9] Språket, menade Austin, fungerar alltså inte bara konstativt utan även performativt. Vad var det då han syftade på med sitt begrepp? Vilken sorts talhandlingar avsåg han? Hans första och mest välkända exempel är vigseln och orden som yttras där. När vigselförrättaren säger "härmed förklarar jag er äkta makar" beskriver hen inte ett faktum i världen. Själva de uttalade orden skapar precis det de säger. Genom orden träder vigseln i kraft och ett nytt faktum (ett gift par) har etablerats.[10] Men enligt Austin finner man det performativa inte bara i den här typen av formaliserade och ritualiserade talhandlingar, utan även i vardagsspråket.[11] Låt oss återgå till regnet utanför fönstret. Om jag säger "jag slår vad om att det kommer att regna i morgon också", då har jag inte konstaterat något om verkligheten. Däremot har jag med mina ord utfört en handling, en vadslagning – förutsatt att någon hört mina ord och antagit vadet. Det senare är väsentligt: en talhandling är inte performativ i sig själv utan alltid i relation till det språkliga och sociala sammanhanget. Samma yttrande kan fungera konstativt eller performativt beroende på kontexten.

Teorin om de performativa talhandlingarna, och slutsatsen att det performativa är en aspekt av språket som helhet, öppnade vägen för en ny förståelse av relationen mellan språk och verklighet. Snarare än att se språket som ett redskap med vilket man mer eller mindre korrekt beskriver verkligheten framstår relationen mellan språk och verklighet som instabil och föränderlig. Vårt sätt att tala om världen har effekt på världen. Det gäller även vårt sätt att tala om konst: själva konstbegreppet är också performativt. Det innebär att vi kategoriserar och benämner vissa föremål och uttryck som konstverk, och vidare att vi därmed förväntar oss betydelser och tolkningsmöjligheter som vi inte har eller gör när det gäller andra ting.[12] Gemensamt för texterna i den här boken är att de inte försöker fastslå, eller konstatera, vad ett verk betyder. Snarare vill de visa hur tolkningarna skapar betydelser. På det sättet är också tolkningarna i boken performativa.

Den fransk-algeriska filosofen Jacques Derrida (1930–2004) intresserade sig för Austins tankar om det performativa, men var samtidigt kritisk mot viktiga delar av resonemanget.[13] Det gäller inte minst synen på *intention* och *kontroll*. En lyckad performativ talhandling förutsätter, enligt Austin, en upphovsperson med tydliga intentioner och full kontroll över handlingen: vigselförrättaren viger, alla inblandade är införstådda och resultatet är entydigt. Mot detta resonemang invänder Derrida att varje talhandling, liksom varje tecken överhuvudtaget, kan citeras, brytas loss från sin ursprungliga kontext och infogas i oändligt många nya kontexter.

Den performativa talhandlingen kan – eller till och med måste – avlägsna sig från sin upphovspersons absoluta kontroll och istället producera ny mening i nya kontexter.[14] Upphovspersonens intention är inte utan betydelse men den kan inte styra talhandlingens effekter i nutid eller framtid.[15] Man kan således läsa Derrida som en uppmaning till lyhördhet för att betydelsen och funktionen hos en talhandling – eller hos andra typer av utsagor, som ett konstverk, en byggnad eller ett objekt – inte är något konstant och inte heller något som definieras och kontrolleras enbart av en upphovsperson. Konstverk överlever både avsändare och adressat; deras mening är instabil och föränderlig, eftersom vi som tolkar dessa objekt (och händelser) inte är desamma över vare sig tid eller rum. Det innebär att ett konstverks betydelse och funktion är beroende av den kontext i vilket det erfars och tolkas.[16]

Inom forskning som fokuserar identitets- och genuskonstruktioner har begreppet initialt lyfts fram av den amerikanska filosofen Judith Butler (f. 1956) i boken *Gender Trouble: Feminism and the Subversion of Identity* (1990).[17] Butler menar här att identiteter – framförallt i relation till kön, genus och sexualitet – är performativa handlingar. Det innebär att ingen av dessa aspekter är naturligt givna (varken universella eller ahistoriska), utan att det är våra beteenden (handlingar och uttryck) som gör att vi alls kan förstås som könsmarkerade individer. Genom återkommande iscensättningar framstår vissa beteenden och handlingar som till exempel specifikt "kvinnliga", andra som explicit "manliga". Men också själva denna binära uppdelning har kommit att ifrågasättas. Eftersom iscensatta – *agerade* – identiteter inte har med biologiska betingelser att göra, menar Butler att de är grundade i konventioner och normer, vilka är historiskt, socialt och kulturellt förankrade. Poängen är att dessa är föränderliga. Att känna sig som en "man" grundar sig i att en beter sig som en "man" förväntas göra. Inte tvärtom, enligt Butler.[18]

Inom en konstvetenskaplig tolkningskontext har Butlers teorier om performativa identiteter betydelse för hur vi till exempel förstår historiska subjekt: hur agenter framställs som "män" respektive "kvinnor" och hur det påverkar den historia vi skriver liksom hur vi tenderar att ge (olika) betydelse till historiska individer, händelser, artefakter med mera. Ett banalt, men samtidigt belysande exempel, är vad det innebär att tala om konstnärer och kvinnliga konstnärer som två olika kategorier; de konstnärer som inte är markerade som kvinnor – vilka är de egentligen? Och tvärtom. För feministiskt inriktade forskare har Butlers teorier bland annat kommit att praktiseras i relation till frågor kring identitet; som vad en "kvinnlig konstnär" är/inte är, hur så kallat kvinnliga identiteter skildras i både konstverk och tolkningar – men också hur själva det binära tänkandet generellt skapar begränsningar.[19]

I ett samhälle fungerar normer och konventioner som (restriktiva) uttryck för ideologier. Där Judith Butler fokuserat genusskapande möjligheter och begränsningar, intresserade sig den franske filosofen Louis Althusser (1918–1990) för hur vi blir till som subjekt genom att *tilltalas*. Det är i den specifika kontexten och i relation till tilltalet som vi framstår (också för oss själva) som subjekt och blir socialt definierbara. För Althusser fungerar ideologi som en berättelse som vi dels författar själva, dels blir författade (berättade) genom. Såväl vår självförståelse som våra livserfarenheter är på så sätt effekter, eller produkter, av rådande ideologi. Han använder begreppet *interpellation* för att förklara hur ideologi tilltalar och därmed positionerar oss som subjekt och vänder sig mot idén om helt autonoma, fria subjekt som kan styra (och välja) som om inga strukturer eller överordnande system fanns. Samtidigt är ideologiska processer alltid förhandlingsbara och kan därmed öppna för förändringar.[20]

Austin, Derrida, Butler och Althusser intresserar sig inte primärt för bildkonst, men deras tankar om det performativa har visat sig intressanta för konstvetenskapen. På samma sätt som en språklig utsaga kan ett konstverk förstås som aktivt i relation till betraktare och omvärld. Konstverket är således inte bara en representation utan också en handling med potential att förändra. På samma sätt som talhandlingar och gester kan konstverk, och människors handhavande med dem, förstås som identitetsskapande iscensättningar. Som bokens fem kapitel vill visa kan performativitetsbegreppet belysa det instabila och föränderliga samspelet mellan konstverk och betraktare.

Om bokens kapitel

Alla fem kapitel har det gemensamt att de utgår från våra respektive praktiker som forskare och som lärare. En viktig tanke för boken har varit att varje enskild text endast fokuserar ett avgränsat bildmaterial för att mer djupgående kunna diskutera också själva tolkningsprocesserna och den funktion och plats som begreppet performativitet har i respektive text. På så sätt är vår förhoppning också att våra texter framstår som just exempel på tolkningsprocesser; hur vi skapar betydelser och upprättar tolkningskontexter här och nu. I slutet av varje kapitel ges förslag på vidare läsning som på olika sätt relaterar till det diskuterade.

Texterna skiljer sig också språkligt åt vilket hänger samman med att de är tillkomna i olika sammanhang. Sådana skillnader har vi avsiktligt behållit i boken, liksom olika referenssystem, för att behålla varje texts ursprungskontext.

I bokens första kapitel, "Bildhandlingar: Att skapa mening med Titusbågen", tolkar Mårten Snickare den antika triumfbågen som en performativ *bildhandling*, i analogi med Austins diskussion om performativa talhandlingar. Ursprungligen skapad för ett specifikt performativt sammanhang, nämligen fältherren Titus triumfartade återkomst till Rom efter erövringen av Jerusalem år 70 e Kr, har Titusbågen genom historien kommit att inlemmas i nya kontexter och ge upphov till nya betydelser och funktioner. Snickare visar hur det performativa ofta är förknippat med makt och auktoritet men hur det också kan öppna möjligheter till motstånd och omförhandlingar av makten. Kapitlet har vuxit fram ur Snickares forskning kring det performativa samspelet mellan arkitektoniska platser och kroppsliga rörelser samt ur undervisning om performativitet och visuell kultur.[21]

Om det första kapitlet således diskuterar de performativa handlingar som utförs med, eller kring, ett konstvetenskapligt objekt fokuserar Johanna Rosenqvist i det andra kapitlet, "När design görs (o)görs kön", på de processer eller kroppsliga handlingar som får ett objekt att bli till. Med utgångspunkt i några fotografier ur tidskriften *FORM* visar Rosenqvist hur bilder av den *professionella* designern i arbete inte bara dokumenterar utan också formulerar och därmed skapar normer för *vem* som är designer, och *hur* en designer gör. Själva den visuella representationen av designern i arbete fungerar alltså performativt betydelse*skapande*. Kapitlet bygger på Rosenqvists undervisning på Konstfack samt hennes forskning om konsthantverk, performativitet och genus.

I bokens tredje kapitel, "Anrop och svar: Om det politiska utrymmet i Janet Cardiffs ljudinstallation *Forty-Part Motet*", tar Anna Lundström ett verk av denna kanadensiska samtidskonstnär till utgångspunkt för en diskussion om hur konstverk och konstutställningar kan sägas tilltala sina betraktare och därmed performativt föreskriva betraktarnas position. Konstverket blir (det vill säga *fungerar* som) ett "jag" som talar till betraktarens "du" och som därmed bjuder in betraktaren till en dialog. Av betydelse är att Cardiffs konstverk hela tiden påminner betraktaren om dennas fysiska närvaro i verket och om utställningsrummet som en offentlig plats som betraktaren delar med andra. Kapitlet utgår från Lundströms doktorsavhandling som undersöker samtida konstutställningar i ljuset av den franske filosofen Jacques Rancières politikbegrepp.[22] Därmed får läsaren möta en viktig konstvetenskaplig textgenre som i viss mån skiljer sig från bokens övriga kapitel.

Även det fjärde kapitlet, "Den performativa blicken", kretsar kring dialogen och samspelet mellan konstverk och betraktare: nu med blicken i fokus. Med tre målningar från renässans och barock som exempel visar Peter Gillgren att blickar kan vara performativa, att de inte bara registrerar verkligheten utan aktivt formar och förändrar den. Det är våra blickar som aktiverar den målning vi betraktar, som får den att framträda och bli till det den är.[23] Men målningen kan också blicka tillbaka på oss, tvinga oss att involvera oss i målningens värld och sätta våra egna värderingar och fördomar på spel. Kapitlet bygger på Gillgrens forskning och undervisning om blickens betydelse vid reception och tolkning av bildkonst.[24] Vid sidan av den performativa teoribildningen spelar receptionsestetik här en viktig roll.[25]

Ända sedan det introducerades har begreppet *performativitet* ofta blandats ihop med *performance*. I bokens sista kapitel "Jag är kanon: Om ORLANs performativa performance", som i hög grad grundar sig på Judith Butlers arbeten, utgår Malin Hedlin Hayden från skillnaden mellan dessa: det förstnämnda syftar på en betydelsetvingande handling, medan det andra en konstform. Men hon visar också hur de kan samverka i ett och samma konstprojekt. Hennes exempel är den franska konstnären ORLAN som i en serie performance genom kirurgiska ingrepp låter sitt ansikte efterlikna ideal för kvinnlighet hämtade ur konsthistoriens kanon. De kirurgiska ingreppen är performativa, de gör det de säger. ORLANs performance synliggör kvinnlighet och konstnärlig kanon som performativt konstruerade. Denna text utgår dels från Hedlin Haydens forskning och mångåriga undervisning kring genus, feministisk teori och praktik, dels från hennes forskning som fokuserar begreppsanalyser och historiografi.[26]

Med den här boken riktar vi oss i första hand till studenter på grundnivå inom konstvetenskap och andra ämnen där man ägnar sig åt visualitet och visuella praktiker. Genom att lyfta fram studieobjekt från olika historiska perioder och sammanhang vill vi visa att performativitet är ett mångsidigt och användbart begrepp vid bildtolkning. Vår förhoppning är att boken inte bara ska ge en teoretisk förståelse av begreppet utan framförallt peka ut vägar och möjligheter till praktisk tillämpning. Det är i mötet med studieobjekten som det teoretiska begreppet aktualiseras och blir produktivt.

Noter

1. På senare år har till exempel den franska sociologen Bruno Latours (f 1947) Actor-Network-Theory fått stort genomslag inom humaniora. Se Bruno Latour, *Reassembling the Social: an Introduction to Actor-Network-Theory*, University Press, Oxford, 2005.

2. Formuleringen "the social life of things" myntades av den indisk-amerikanska antropologen Arjan Appadurai (f. 1949). Se Arjun Appadurai, red., *The Social Life of Things: Commodities in Cultural Perspective*, Cambridge University Press, Cambridge, 1986. Inom konstvetenskapen kan nämnas W. J. T. Mitchell, *What do Pictures Want? The Lives and Loves of Images*, University of Chicago Press, Chicago, 2005.

3. Generellt gäller detta konstformer som konceptkonst och performance, men under slutet av 1990-talet började också *relationell estetik* används i relation till konst som på olika sätt fokuserade just den relationella och interagerande aspekten av konstnärliga

praktiker. Se Nicolas Bourriaud, *Esthétique relationnelle*, Les presses du reel, Paris, 1998. (Engelsk översättning av Simon Pleasance och Fronza Woods, *Relational Aesthetics*, Les presses du reel, Paris, 2002.)

4. Se Erika Fischer-Lichte, *The Transformative Power of Performance: A New Aesthetics*, Routledge, London, 2008; Margaretha Rossholm-Lagerlöf, *Inlevelse och vetenskap: Om tolkning av bildkonst*, Atlantis, Stockholm 2007.

5. Inom senare historiska praktiker (däribland konstvetenskap) har ett dekonstruktivistiskt perspektiv gjort sig alltmer gällande. Detta innebär i korthet att man skiljer på det *förflutna* och *historia*, där den senare är en tolkande, narrativ praktik som inte bara bestämmer vad som t ex utgör en viss historisk händelse (till skillnad från icke-händelser), utan också undersöker hur begrepp används och förändras över tid samt hur ett dikotomiskt tänkande alltid skapar hierarkier. En dikotomi kan te sig som självklart given, men också visa på de värdegrunder som präglar en viss praktik vid en viss tid (som t ex kropp/själ, kvinnligt/manligt, gott/ont o s v). Se t ex Keith Jenkins, red., *The Postmodern History Reader*, Routledge, London, 1997; Hélène Bowen Raddeker, *Sceptical History: Feminist and Postmodern Approaches in Practice*, Routledge, New York, 2007; Alan Munslow, *Narrative and History*, Palgrave Macmillan, London, 2007.

6. Fischer-Lichte 2008.

7. Mieke Bal, *Travelling Concepts in the Humanities: A Rough Guide*, University of Toronto Press, Toronto, 2002. Se särskilt inledningen för distinktionen hon gör mellan ord och begrepp.

8. J. L. Austin, *How to Do Things with Words*, Harvard University Press, London, 1962. Begreppet *talhandling*, eller "speech act", används av Austin men utvecklas framförallt av hans efterföljare John Searle. Se John R. Searle, *Speech Acts: An Essay in the Philosophy of Language*, Cambridge University Press, Cambridge, 1969.

9. Austin 1962, s. 6–7.

10. Austin 1962, s. 5–11.

11. Austin 1962, s. 5–11.

12. Till exempel kan en disktrasa signalera ett visst användningsområde, men vi utgår vanligtvis inte direkt från att disktrasan också har ett betydelsesammanhang som vi varje gång vi använder den behöver tänka vidare kring. Konstverk däremot fungerar som betydelsebärare, inte bara som t ex fästade färgpigment (om det är en målning vi talar om). Detta synsätt – alltså att konst är det vi benämnt som konst – anger ett *institutionellt konstbegrepp* som ofta anses utgöra ett paradigmskifte vad gäller kriterier för vad som per definition är konst och vad som inte är det. "Vi" är i detta sammanhang det fält av professionella som är verksamma inom konstvärlden. Se Arthur C. Danto, "The artworld", *Journal of Philosophy*, vol. 61, no. 19, 1964, s. 571–584; *The Transfiguration of the Commonplace: A Philosophy of Art*, Harvard University Press, Cambridge, Mass., & London, 1981.

13. Se särskilt Jacques Derrida, "Signature Event Context", *Margins of Philosophy*, University of Chicago Press, Chicago, 1982, s. 307–330.

14. Derrida 1982, s. 320.

15. Derrida 1982, s. 326.

16. Se t ex Keith Moxey, *The Practice of Theory: Poststructuralism, Cultural Politics and Art History*, Cornell University Press, New York, 1994; Mieke Bal och Norman Bryson, "Semiotics and Art History", *The Art Bulletin*, Vol. 73, No. 2 (Jun., 1991), s. 174–208. Se även Malin Hedlin Hayden, *Out of Minimalism: The Referential Cube. Contextualising Sculptures by Antony Gormley, Anish Kapoor and Rachel Whiteread*, diss., Konstvetenskapliga institutionen, Uppsala universitet, Acta Universitatis Figura Nova, nr 29, Uppsala 2003.

17. Judith Butler, *Gender Trouble: Feminism and the Subversion of Identity*, Routledge, New York & London, 1990. I en fransk intervju berättar Butler (huvudsakligen på engelska) om sitt arbete. Se Paule Zajdermann, "Judith Butler. Philosophe en tout genre", Arte France & Assoc.2006, https://www.youtube.com/watch?v=Q5onQUGiI3s

18. Detta innebär att Butlers teorier helt frångår idéer om essentialistiska skillnader mellan de två könen. Detta har präglat mycket av de senaste decenniernas feministiska praktiker och skiljer sig därmed från 1970-talets västerländska feministiska rörelser där just skillnaden oftare framhölls som central.

19. Det är egentligen först kring millennieskiftet som referenser till Butler börjar bli tydliga. Se t ex Amelia Jones, *Seeing Differently: A History of Theory of Identification and the Visual Arts*, Routledge, London & New York, 2012. Texter av Butler dyker upp i Donald Preziosis *The Art of Art History: A Critical Anthology* först i andra upplagan 2009 (1a upplagan kom 1998); Whitney Chadwick refererar till Butler i femte upplagan av *Women, Art and Society* 2012 (1a upplagan kom 1990, sedan 1996, 2002, 2007).

20. Louis Althusser, "Ideology and Ideological State Apparatuses", i *Lenin and Philosophy, and Other Essays* (Lènine et la philosophie, 1971), översättning från franska av Ben Brewster, Monthly Review Press, New York, 2001. Se t ex också Martin Jay, *Downcast Eyes: The Denigration of Vision in Twentieth-Century French Thought*, University of California Press, Berkeley, 1993. Speciellt kapitlet "Lacan, Althusser, and the Specular Subject of Ideology".

21. Mårten Snickare, "How to do Things with Piazza San Pietro", Peter Gillgren & Mårten Snickare (red.) *Performativity and Performance in Baroque Rome*, Ashgate, Farnham, 2012, s. 65–83; "Performing Papal Authority. Procession as a Commonplace in 17th Century Rome", *Commonplace Culture in Western*

Europe in the Early Modern Period, II: Consolidation of Godgiven Power, Groningen Studies in Cultural Change, Vol. XL, eds. Cathryn Banks & Philiep Bossier, Peeters Publishers, Leuven-Paris-Walpole MA 2011 s. 143–158.

22. Anna Lundström, *Former av politik. Tre utställningssituationer på Moderna Museet 1998–2008*, diss. Stockholms universitet, Makadam, Göteborg, 2015.

23. Om detta har bland andra den franske filosofen och konstvetaren skrivit: Georges Didi-Huberman, *Ce que nous voyons, ce qui nous regarde*, Minuit, 1992.

24. Peter Gillgren, *Siting Federico Barocci and the Renaissance Aesthetic*, Ashgate, Farnham 2011.

25. Gillgren, 2011, s. 21–71.

26. Se t ex Malin Hedlin Hayden, "On Candice Breitz's *Becoming*", *n.paradoxa: international feminist art journal*, KT Press, London, 2007, s. 50–57; Malin Hedlin Hayden, "Women artists versus feminist artists: Definitions by ideology, rhetoric or mere habit?", i Hedlin Hayden & Jessica Sjöholm Skrubbe, red., *Feminisms is still our name. Seven essays on historiography and curatorial practices*. Cambridge Scholars Publishing, Newcastle upon Tyne, 2010, s. 57–83; samt Malin Hedlin Hayden, *Video Art Historicized: Traditions and Negotiations*, Ashgate, Farnham, UK/Burlington, USA, 2015.

Bildhandlingar
Att skapa mening med Titusbågen
Mårten Snickare

Vad har en konstvetare för glädje av språkfilosofen J. L. Austin och hans tankar om det performativa? Han var ju helt inriktad på det talade språket eller, med ett mer precist uttryck, *talhandlingar*.[1] Bilder, byggnader, föremål och de andra visuella och materiella fenomen som utgör konstvetenskapens studieobjekt har ingen plats i hans teori. Eller kanske har de det? Vid en noggrann läsning av Austins föreläsningar upptäcker man att flera av de performativa talhandlingar som han diskuterar involverar även icke-språkliga tecken och föremål. Låt oss se närmare på ett exempel, nämligen rättsskipningen. Domarens ord "Jag dömer dig till tio års fängelse" uppfyller alla krav på en performativ talhandling. Genom orden förvandlas den misstänkta till en dömd brottsling. Ett nytt faktum har etablerats i världen. Men det räcker inte med bara orden, påpekar Austin. Det är också väsentligt att de inblandade befinner sig på rätt plats, det vill säga i rättssalen, och att domaren som uttalar orden bär de rätta ämbetskläderna och sitter i sin bestämda stol.[2] Just stolens betydelse framgår faktiskt av etablerat språkbruk: på engelska säger man om någon som utnämnts till domare att han eller hon har blivit "raised to the bench" och på

Hur du refererar till det här kapitlet:
Snickare, M. 2017. Bildhandlingar: Att skapa mening med Titusbågen. I Hayden, M. H. and Snickare, M. (red.) *Performativitet: Teoretiska tillämpningar i konstvetenskap: 1.* Pp. 1–16. Stockholm: Stockholm University Press. DOI: https://doi.org/10.16993/bal.b. License: CC-BY 4.0

svenska har stolen fått ge namn åt hela institutionen: domstol. Här antyds en väg att förstå konstverk, byggnader och föremål i termer av performativa handlingar. Domstolslokalen, kläderna och möblerna, det vill säga rum och föremål som är en förutsättning för den performativa handlingen att döma ut ett straff, är ju samtidigt rum och föremål som hör hemma i konstvetenskapliga objektkategorier som arkitektur, hantverk och design. Härifrån är det lätt att dra paralleller till andra konstvetenskapliga objekt och deras betydelse för genomförandet av performativa handlingar: kronan som sätts på kungens eller drottningens huvud vid en kröning; kyrkointeriören, dess målningar och skulpturer som under gudstjänsten samspelar med musik och talhandlingar; eller triumfbågen som uppförs i samband med en furstes eller härförares triumftåg. Vid närmare eftertanke framstår det här som en väsentlig aspekt av konstvetenskapliga studieobjekt. En stor mängd av de bilder, byggnader och föremål som en konstvetare studerar har skapats för, och brukats i, olika performativa situationer. Istället för talhandlingar skulle vi som konstvetare kunna tala om performativa *bildhandlingar*, syftande på de handlingar där olika slags bilder, föremål och arkitektoniska rum kan vara minst lika väsentliga för den performativa effekten som de uttalade orden.[3]

I det här kapitlet vill jag visa hur ett konstvetenskapligt studieobjekt kan förstås i termer av performativa bildhandlingar och vilka aspekter av objektet man då får syn på. Exemplet jag valt är Titusbågen, en antik triumfbåge som spänner över

Via Sacra, huvudgatan i antikens Rom, i den sydöstra delen av Forum Romanum (bild 1). Som ett av de mest välbevarade monumenten från den romerska kejsartiden är Titusbågen sedan länge inskriven i den västerländska konsthistoriens kanon. Sedan renässansen har den varit ett viktigt besöksmål för Romresenärer; den har avbildats av tongivande konstnärer som Canaletto (1697–1768), Giovanni Battista Piranesi (1720–1778) och William Turner (1775–1851); i konst- och arkitekturhistoriska översiktsverk har den lyfts fram som exempel på kejsartidens arkitektur i allmänhet och den så kallade kompositaordningen i synnerhet.[4] Titusbågen har också tjänat som förebild för en rad senare triumfbågar ända fram till *Arc de Triomphe* i Paris från 1800-talets början och *Washington Square Arch* i New York från 1800-talets slut. Till och med *India Gate* i New Delhi, rest av den brittiska kolonialmakten 1931, kan stilistiskt härledas till Titusbågen. Även i restaureringshistorien har Titusbågen en viktig plats: restaureringen på 1820-talet, under ledning av arkitekten Giuseppe Valadier, brukar lyftas fram som ett av de tidigaste exemplen på modern byggnadsrestaurering.[5]

Titusbågen kan alltså beskrivas som ett paradigmatiskt konstvetenskapligt studieobjekt och den har varit föremål för stilhistoriska, ikonografiska och byggnadstekniska analyser och tolkningar. Men om vi här väljer att betrakta Titusbågen som en performativ bildhandling, vad blir då synligt? Till att börja med att den hänger samman med fältherren Titus triumfatoriska återkomst till imperiets huvudstad Rom efter erövringen och skövlandet av

4   Performativitet

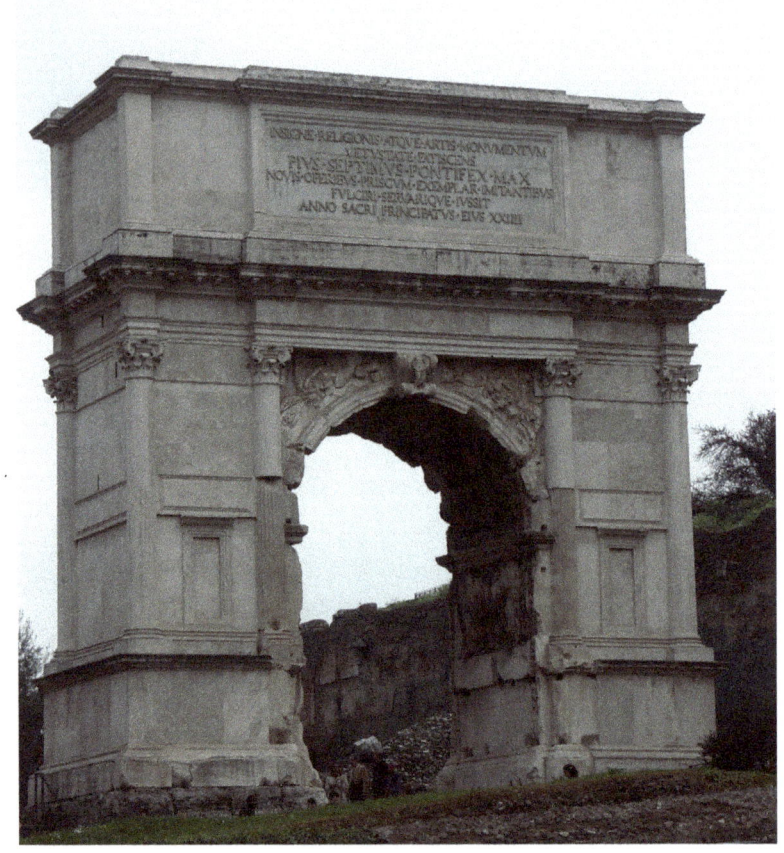

Bild 1. *Titusbågen* i Rom, uppförd 82 e.Kr. (foto: Mårten Snickare, Copyright CC-BY-NC-ND)

Jerusalem år 70 efter Kristus. I triumftåget längs Via Sacra färdades fältherren tillsammans med sin far kejsar Vespasianus, sina romerska soldater, judiska krigsfångar och erövrade troféer, främst bland dem menoran, den sjuarmade ljusstaken från templet i Jerusalem som lagts i ruiner. Passagen genom en triumfbåge gjorde triumfen tydlig och påtaglig samtidigt som den markerade en övergång från krigets värld till den civila världen i huvudstaden där Titus några år senare kom att efterträda sin far som kejsare.[6] Triumftåget kan alltså förstås som en performativ handling genom vilken den romerska överheten satte punkt för kriget, upphöjde fältherren till triumfator och förödmjukade de besegrade. Det var därigenom en av många, upprepade performativa handlingar genom vilka det romerska imperiets våldsmakt manifesterades och upprätthölls. Av särskilt intresse för oss som konstvetare är att de viktigaste beståndsdelarna i just denna handling inte var de talade orden – även om de också spelade en framträdande roll – utan mänskliga kroppar (segrarna och deras fångar) och konstföremål (troféerna) som rörde sig genom ett arkitektoniskt artikulerat rum (triumfbågen). Avgörande för den performativa effekten var alltså vad vi idag förstår som konstvetenskapliga studieobjekt.

Förhållandet mellan Titus triumftåg och Titusbågen är inte så direkt som det i förstone kan framstå, men inte desto mindre är det avgörande för den performativa effekten. Till själva triumftåget år 71 efter Kristus hade den romerska överheten ännu inte hunnit uppföra den permanenta triumfbåge som står där än idag utan fick nöja sig med en tillfällig konstruktion, ett slags kuliss. Den färdiga triumfbågen stod på plats först elva år senare, två år efter Titus död. Den kan därmed beskrivas som ett monument över Titus triumf, men kanske ännu hellre som ett förevigande av triumftåget, ett sätt att i betong och marmor hålla kvar och förlänga triumftågets performativa effekt.

Av betydelse för den kvardröjande performativa effekten är de två relieferna på triumfbågens insida som

6　Performativitet

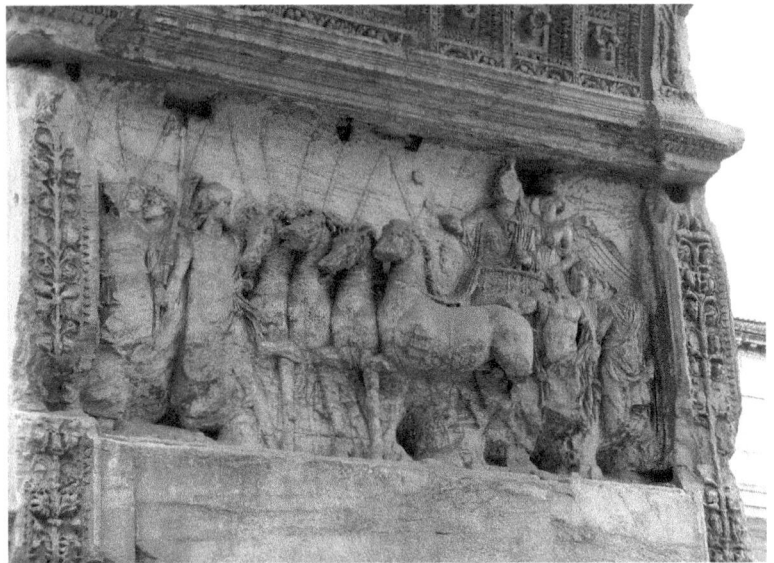

Bild 2. Reliefen på Titusbågens nordöstra sida, 82 e.Kr. (foto: Mårten Snickare, Copyright CC-BY-NC-ND)

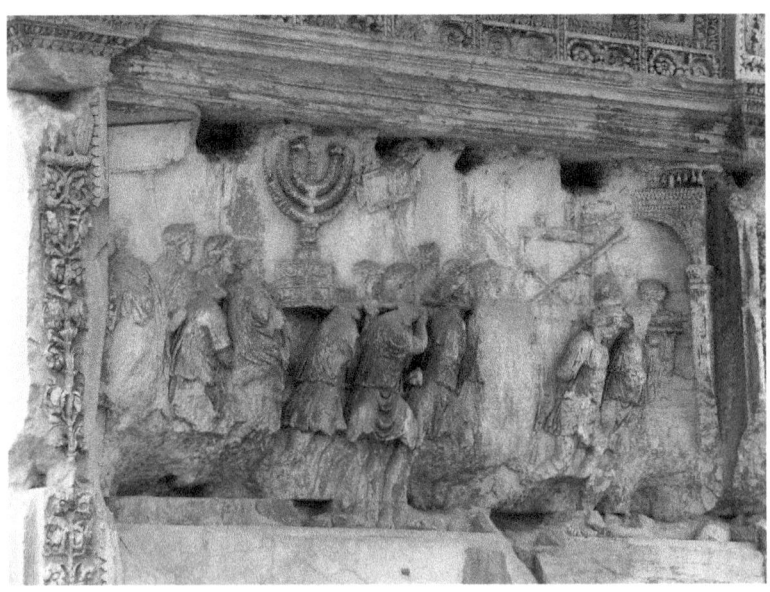

Bild 3: Reliefen på Titusbågens sydvästra sida, 82 e.Kr. (foto: Mårten Snickare, Copyright CC-BY-NC-ND)

skildrar två av triumftågets centrala scener (bild 2 och 3). På ena sidan ses triumfatorn Titus färdas i fyrspann, på den andra romerska soldater som bär den sjuarmade ljusstaken och andra troféer.[7] Där finns även några gestalter som kan definieras som judiska fångar. Den djupa reliefen som på sina håll gränsar till rundskulptur ger ett rörligt och livfullt intryck. Ljus och skugga spelar i klädedräkternas veck och detaljers inbördes relationer är beroende av betraktarens position. Känslan av liv och rörelse blir som starkast för den betraktare som passerar genom triumfbågen, förbi relieferna. Effekten kan beskrivas som att relieferna spelar upp och levandegör triumftåget på nytt varje gång en uppmärksam betraktare går genom triumfbågen och tar del av dem. Relieferna fungerar därmed både som en visuell representation av en historisk händelse och ett performativt återuppförande av denna händelse. För att återknyta till Austin kan de förstås som både konstativa och performativa beroende på sammanhanget, situationen och betraktarpositionen. Vi kan tänka oss en dräkthistoriker specialiserad på dräktskicket i kejsartidens Rom, som studerar hur dräkterna representeras i relieferna och jämför med andra visuella och skriftliga källor från tiden. En konstativ betraktarposition. Vi kan å andra sidan tänka oss en judisk besökare som blir illa berörd av reliefernas ständiga återuppförande av förödmjukelsen av de besegrade judarna och vanhelgandet av menoran, och som vägrar att gå igenom triumfbågen. En performativ betraktarposition. Faktum är att det under den nästan tvåtusenåriga historien sedan Titusbågen uppfördes betraktats som tabu för en jude att passera genom den, ett exempel på dess starka kvardröjande performativa kraft. Jag återkommer till det.

Titusbågen exemplifierar därmed två olika sätt på vilka konst och arkitektur kan förstås i termer av performativitet: den utgör både en betydelsebärande *del* av en performativ handling och en visuell *representation* av samma handling. I konsthistorien finns det gott om liknande exempel. Om Nattvarden förekommer som motiv på en altartavla kan det beskrivas som en representation av den ursprungliga Nattvarden. Men samtidigt blir det ett betydelsebärande element i nattvardsriten som äger rum framför altaret. Bilden och riten samspelar och förstärker varandras innebörd och effekt.

Med utgångspunkt i begreppet performativitet framstår relationen mellan språk och verklighet som instabil och föränderlig. Vårt sätt att tala om världen påverkar världen. På ett liknande sätt går det att förstå konstverk och andra bilder, inte bara som representationer av världen utan som bildhandlingar som kan åstadkomma förändring. Claude Lorrains (1604–82) landskapsmålningar är inte bara visuella representationer av landskap. De är bildhandlingar som fått människor att se och förstå landskap på nya sätt och som rentav lett till fysiska förändringar av landskapet: för den så kallade engelska parken som blev populär i Europa under 1700-talets andra hälft var Claudes målningar en viktig inspirationskälla. Picassos (1881–1973) *Guernica* (1937) är inte bara en återgivning av terrorbombningen mot den baskiska staden Gernika under spanska inbördeskriget; den är en bildhandling som bidrog till att väcka världens vrede mot fascisternas grymheter och som fortfarande medverkar till att forma vår förståelse av historien och den mänskliga existensen genom att i en konstnärlig gestaltning hålla fram en enskild händelse som en allmängiltig bild av grymhet och lidande.

En viktig aspekt av detta, som bland annat diskuterats och teoretiserats av den fransk-algeriska filosofen Jacques Derrida, är att performativa handlingar kan fortsätta att producera ny mening långt bortom deras upphovspersoners intentioner.⁸ En performativ handling kan, eller rentav måste, frigöra sig från upphovspersonens kontroll; den kan brytas loss från sin ursprungliga kontext, upprepas, citeras och infogas i oändligt många nya kontexter. Om vi återvänder till Titusbågen kan vi se hur den genom historien fungerat just så, hur den avlägsnat sig från sina upphovspersoners kontroll och fortsatt att producera ny performativ mening i nya kulturella och politiska sammanhang. Under renässansen var Rom den självklara mötesplatsen för konstnärer och arkitekter från hela Europa. Ett antikvariskt intresse för antiken växte sig allt starkare och de antika lämningarna i staden studerades i minsta detalj. Antiken, i synnerhet den romerska kejsartiden, tjänade som förebild för de framväxande europeiska nationalstaterna. Kejsartidens konst och arkitektur utgjorde en oändlig källa att ösa ur för de konstnärer och arkitekter som hade till uppgift att visuellt manifestera och legitimera nationalstaten och kungamakten. Rom utgjorde också centrum för den katolska kyrkan och säte för påveämbetet som genom hotet från reformationen i norra Europa kände allt starkare behov av slagkraftig retorik och propaganda.

I skärningspunkten mellan dessa intressen inlemmades Titusbågen i den påvliga processionsvägen mellan Roms två viktigaste kyrkor, Peterskyrkan som är hela katolicismens huvudkyrka och Lateranbasilikan som är staden Roms domkyrka. Triumfbågen som hade rests femtonhundra år tidigare togs nu i anspråk av påvemakten. Det var inte längre en romersk fältherre som färdades i fyrspann genom den utan en påve i sin bärstol. Triumfen gällde inte längre Roms militära övermakt utan den katolska kyrkan som genom missionsverksamhet spred sitt budskap över världen. Över triumfbågens ursprungliga inskriptioner som hyllat fältherren Titus placerades nya som jämförde kejsartidens Rom med den nya påvestaden: Rom var mäktigt under sina kejsare och fältherrar men är än mäktigare under sina påvar, löd budskapet. Den här palimpsesten bär på en intressant ambivalens: å ena sidan togs antikens glans och auktoritet i anspråk i den visuella manifestationen av påvemakten, å andra sidan formulerades påvekyrkans triumf över den hedniska antiken. Den katolska kyrkan och påvemakten i Rom utgjorde en ny kontext för Titusbågen, en kontext i vilken triumfbågens performativa effekt blev en annan än den ursprungliga. I mitten av 1500-talet beslutade påven Paulus IV (1476–1559) att Roms judiska församling årligen skulle samlas vid Titusbågen för att svära påven trohet och underkastelse.[9] Monumentets ursprungliga funktion som manifestation av judisk förödmjukelse och underkastelse under Rom aktualiserades därmed igen i en ny tid och i ett nytt religiöst, politiskt och socialt sammanhang.

Med Titusbågen som exempel blir det tydligt hur intimt sammanlänkat det performativa är med frågor om makt och auktoritet. Det var genom performativa tal- och bildhandlingar som det romerska kejsardömets makt, eller påvekyrkans storhet, konstruerades och legitimerades. Som både Derrida och den amerikanska filosofen Judith Butler (f. 1956) framhållit kan det emellertid uppstå en glipa i den performativa handlingen, en risk – eller möjlighet – att effekten inte motsvarar upphovspersonernas intentioner.[10] I det performativa öppnas därmed också ett utrymme för kritiska, subversiva handlingar som ifrågasätter och utmanar rådande makthierarkier. Ett intressant exempel är vad som skedde vid Titusbågen den 23 december 1997. Femtio år efter grundandet av staten Israel och på initiativ av den judiska församlingen i Rom samlades då församlingen tillsammans med judiska och italienska dignitärer till en ceremoni vid Titusbågen, med syftet att en gång för alla bryta tabut kring monumentet och att göra upp med historien av förödmjukelse och förföljelse. Italiens dåvarande premiärminister Romano Prodi drog i sitt tal paralleller mellan Titus erövring och Förintelsen och framhöll alla människors rätt att leva i fred och värdighet var som helst i världen. Roms borgmästare Francesco Rutelli talade om hur Titus och hans soldater, som representeras i triumfbågens reliefer, numera framstod som en fotnot i historien. De förödmjukade, tillfångatagna judarna däremot, även de skildrade i relieferna, är representanter för en kultur som fortsätter att blomstra. "Detta", förklarade Rutelli, "är vad triumfbågen betyder för mig".[11] Därefter öppnades passagen genom Titusbågen för de medlemmar av den judiska församlingen som ville passera genom den. En del tvekade men många tog så småningom chansen att på detta sätt bidra till upphävandet av det tvåtusenåriga tabut. Tillsammans formade de många enskilda passagerna genom triumfbågen en kraftfull performativ handling som omförhandlade dess mening. Ett monument förknippat med förtrycket av judar kom nu också att manifestera den judiska församlingens upprättelse.

I konstvetenskaplig forskning ställs ofta frågan om ett konstverks mening. Och svaret på den frågan brukar ofta sökas i de ursprungliga intentionerna med konstverket. Ta till exempel Erwin Panofsky (1882–1968), en av 1900-talets mest inflytelserika konsthistoriker. Med sin ikonologiska metod sökte han sig tillbaka till ett konstverks ursprungliga bildprogram, den urtext som formulerats eller valts ut av beställare och konstnär.[12] Där fanns svaret på frågan om konstverkets mening. När jag här följt Titusbågen genom historien, från antiken till vår egen tid, har en delvis annorlunda förståelse av "mening" vuxit fram. Titusbågens mening har inte varit en och densamma utan gång på gång omförhandlats i samspel med människors performativa handlingar och rörelser och i relation till skiftande historiska skeenden. Jag skulle vilja kalla det här för konstverkets *performativa mening*, den mening som aktualiseras och spelas upp genom rörelser, gester och talhandlingar i anslutning till konstverket. Definierad på det sättet framstår ett konstverks mening som föremål för ständig förhandling och förvandling. Den är inte lika stabil som den mening som definieras utifrån konstnärens intentioner eller ett ursprungligt bildprogram. Men den performativa meningen är inte heller godtycklig. Den präglas och begränsas av traditionens makt, av kulturella konventioner och av betraktarnas och brukarnas kunskaper, förutfattade meningar och sociala positioner. Såhär har det formulerats av Judith Butler:

> Om en performativ handling når provisorisk framgång (och jag menar att "framgång" alltid och endast är provisorisk) så är det inte på grund av att en intention framgångsrikt kontrollerar talhandlingen, utan endast därför att handlingen genljuder av tidigare handlingar, och *ackumulerar deras makt genom repeterandet eller citerandet av tidigare auktoritativa praktiker.*[13]

Jag har gett exempel på handlingar i anslutning till Titusbågen, från antiken till vår tid. En del aktörer, som fältherren Titus eller påven, har utfört handlingarna från en position av makt och auktoritet. Andra, som Roms judiska församling, har istället befunnit sig i en position av underordning. Men alla har de, utifrån sina positioner och förutsättningar, deltagit i en pågående förhandling om Titusbågens performativa mening. Och den förhandlingen har hela tiden präglats av traditionen, eller av de "tidigare handlingar" som Butler talar om.

Vidare läsning

Peter Gillgren & Mårten Snickare (red.), *Performativity and Performance in Baroque Rome*, Ashgate, Farnham, 2012.

Peter Liljenstolpe, *Studies in Roman Architecture. Configuring the Classical Orders*, (diss.) Uppsala Universitet, Uppsala, 2000.

J. Hillis Miller, *Speech Acts in Literature*, Stanford University Press, Stanford, California, 2001.

Mårten Snickare, "How to Do Things With Piazza San Pietro. Performativity and Baroque Architecure", i: Peter Gillgren & Mårten Snickare (red.), *Performativity and Performance in Baroque Rome*, Ashgate, Farnham, 2012, s. 65–83.

Mårten Snickare, "Performing Papal Authority. Procession as a Commonplace in 17th Century Rome", i: Cathryn Banks & Philiep Bossier (red.), *Commonplace Culture in Western Europe in the Early Modern Period, II: Consolidation of God-given Power*, Groningen Studies in Cultural Change, Vol. XL, Peeters Publishers, Leuven-Paris-Walpole MA, 2011, s. 143–158.

Leon Yarden, *The Spoils of Jerusalem on the Arch of Titus. A Re-investigation*, Svenska Institutet i Rom, Stockholm 1991.

Noter

1. J. L. Austin, *How to Do Things with Words*, Harvard University Press, London, 1962. Det begrepp Austin använder är "speech act" (se till exempel s. 146). Begreppet förekommer inte så ofta hos Austin men har genom hans efterföljare John Searle och dennes så kallade "speech act theory" fått en viktig roll. Se John R. Searle, *Speech Acts: an Essay in the Philosophy of Language*, Cambridge University Press, Cambridge, 1969.

2. Austin 1962, s. 88–89.

3. Den amerikanske litteraturvetaren och kritikern Hillis Miller (f 1928) har på motsvarande sätt myntat begreppet *sign acts* (teckenhandlingar) för att peka ut betydelsen av ickespråkliga tecken i performativa handlingar. Se J. Hillis Miller, *Speech Acts in Literature*, Stanford University Press, Stanford, California, 2001.

4. Se till exempel Frank B. Sear, *Roman Architecture*, Batsford, London, 1982, s. 44, 145–46; Peter Liljenstolpe,

Studies in Roman Architecture. Configuring the Classical Orders, diss. Uppsala universitet, Uppsala, 2000, s. 92; Hugh Honour & John Fleming, *A World History of Art*, Macmillan, London 1982 (och fler upplagor), s. 168–69. Kompositaordningen är en kolonnordning som förenar formelement från den joniska och den korintiska kolonnordningen.

5. Sear 1982, s. 145.

6. I en studie från 1909 har antropologen Arnold van Gennep myntat begreppet passageriter (rites de passage) om sådana riter genom vilka en människa förs från ett stadium till en annan, såsom bröllopet eller olika mandomsriter. van Gennep diskuterar också det romerska triumftåget som en sådan passagerit från krigets värld till fredens och framhåller särskilt betydelsen av passagen genom en triumfbåge. Nästan femtio år före Austin kan man säga att van Gennep föregrep flera av hans tankar. Se Arnold van Gennep, *The Rites of Passage*, Routledge & Kegan Paul, London (1909) 1960.

7. En studie av troféerna har gjorts av Leon Yarden, *The Spoils of Jerusalem on the Arch of Titus. A Reinvestigation*, Svenska institutet i Rom, Stockholm, 1991.

8. Jacques Derrida, "Signature Event Context", *Margins of Philosophy*, University of Chicago Press, Chicago, 1982, s. 321–24.

9. Richard Joseph Ingersoll, *The Ritual Use of Public Space in Renaissance Rome*, opublicerad avhandling, University of California, Berkeley, 1985, s. 171–223.

10. Derrida 1982, s. 321–24; Judith Butler, *Gender Trouble. Feminism and the Subversion of Identity*, Routledge, New York, (1990) 1999, kapitel 3, särskilt s. 174–180.

11. Morton Satin, "One Man's Campign Against the Arch of Titus – and how It Changed Italy's Jews",

Forward, 1 December 2013, http://forward.com/articles/188460/one-mans-campaign-against-the-arch-of-titus-and/?p=all

12. Erwin Panofsky, *Studies in Iconology: Humanistic Themes in the Art of the Renaissance*, Oxford University Press, New York, 1939.

13. Judith Butler, *Bodies that Matter: on the Discursive Limits of "Sex"*, Routledge, New York, 1993, s. 226–27: "If a performative provisionally succeeds (and I will suggest that "success" is always and only provisional) then it is not because an intention successfully governs the action of speech, but only because that action echoes prior actions, and *accumulates the force of authority through the repetition or citation of a prior and authoritative set of practices.*"

När design görs (o)görs kön
Om görandebilder, genus och genre

Johanna Rosenqvist

Sitter du när du läser denna text? Har du i så fall tänkt på vad du sitter på? Har du tidigare läst eller sett något om det som just nu inverkar på din läsställning? Om hur det är gjort och av vem? Om dess bruk eller historiska kontext? Kan du sätta ord på hur det påverkar dig och ditt sittande? Ordet "design" betecknar inte bara ting, det är inte bara ett substantiv och ett verksamhetsområde. Design betecknar även de handlingar som får artefakter att bli till. "Design är att utforma en design för att producera en design" som designhistorikern John Heskett uttrycker det i sin bok *Design – en introduktion* (2005).[1] Att en designprodukt ska kunna kommunicera hur och att den ska användas kan tyckas vara en truism. Snarare än att tänka på designens kommunikationspotential när du möter den i din vardag, så gör du nog helt enkelt bara bruk av den. Design kan få dig att vilja göra handlingar, som att sätta dig ner. Men vad kan få dig att tro att du själv kan bli designer? Eller att du kan ha något att säga om design?

I denna text vill jag bjuda in dig till en läsning av hur design, som genre, historia och produkt *görs*.

Hur du refererar till det här kapitlet:
Rosenqvist, J. 2017. När design görs (o)görs kön: Om görandebilder, genus och genre. I Hayden, M. H. and Snickare, M. (red.) *Performativitet: Teoretiska tillämpningar i konstvetenskap: 1.* Pp. 17–43. Stockholm: Stockholm University Press. DOI: https://doi.org/10.16993/bal.c. License: CC-BY 4.0

Jag gör det genom att utgå från visuella representationer av görande ur tidskriften FORM.² Med utgångspunkt i bilder av formgivning i processuella situationer reflekterar jag över hur *kroppars plats* i produktionen skulle kunna vara något som är avgörande för ditt och mitt tillägnande, oavsett om vi i vår konsumtionsroll fungerar som användare, betraktare, köpare, besökare, publik, potentiella vidareutvecklare eller designhistoriker. Jag skriver inte bara utifrån erfarenheter av design- och konsthantverkshistoria vid teoretiska utbildningar, utan även utifrån erfarenheter av praktiska utbildningar på konstnärlig grund. Den historieskrivning jag vill bidra med är en som uppmanar till ställningstaganden ifråga inte bara om tingen omkring oss och vad de gör med oss – utan även om själva produktionen. Om vad som krävs av en medmänniskas kropp i denna produktion, och i din och min förståelse av den. Design verkar performativt ur alla dessa aspekter. Jag återkommer till teorier om performativitet för att diskutera olika *görandebilder* och genus. Det handlar helt enkelt om att kritiskt studera hur män och kvinnor blir definierade genom hur de rör sig. Men jag börjar med att beskriva ett exempel på performativitet utifrån designens *tilltal* (som diskuteras utifrån teorier om *interpellation*) samt en presentation av den empiri som mina exempel utgår från.

En serie fotografier, en dokumentation över ett helt uppslag i tidskriften *FORM*, nummer 6 från 1987, visar ett armstöds tillblivelse genom en tapetserarmästares olika handgrepp. Det är ett urval av ingående visuella beskrivningar av hantverket, det vill säga de metoder, tekniker och material som ingår i skapandet av ett stoppat armstöd till en sittmöbel. Kunniga händers förebildliga verksamhet med arbete i högkvalitativa och ändamålsanpassade naturmaterial avbildas. Bildmaterialet ska, låter artikeltexten förstå, fungera som en vidareförmedling av hantverket jämte annat så kallat åskådningsmaterial för att få en bättre lärlingsutbildning och i förlängningen fler och bättre tapetserare. De avbildade händerna kan sy, spika, knyta, hålla, vecka. De kan hantera kroknål, garn, hammare och spik. Varje steg i processen, varje handgrepp, varje del som blir sammanfogade till en enhet har sina beteckningar och varje moment har olika steg som avbildas för att förmedla denna kunskap visuellt. Fotografierna i reportaget är hårt beskurna. Fotografen Fredrik von Matérn (f. 1947) och tapetserarmästaren Bernt Stenberg (f. 1938) samverkar och medverkar till att du och jag riktar våra blickar mot handens möten med verktyg och material. De visar att det verkligen finns händer som kan utföra detta hantverk. I det sammanhang bilderna ursprungligen var tänkta att ingå, som åskådningsmaterial i en kursbok, har de en pedagogisk intention.[3] Då blir det viktigt att redovisa varje avgörande handgrepp för att göra ett armstöd, och i förlängningen en hel fåtölj. Men i reportaget är det viktiga att visa *att* snarare än exakt *hur* hantverket utförs. Det finns, förstår läsaren, möjligheter att låta sina händer lära sig detta.

Tidskriften *FORM* har sedan 2011 en inriktning mot nordisk arkitektur och design. Men under 1980-talet, då artikeln "Inuti ett armstöd" publicerades, var den en tidskrift för formgivning, design och hemslöjd. Under hela nittonhundratalet har *FORM*

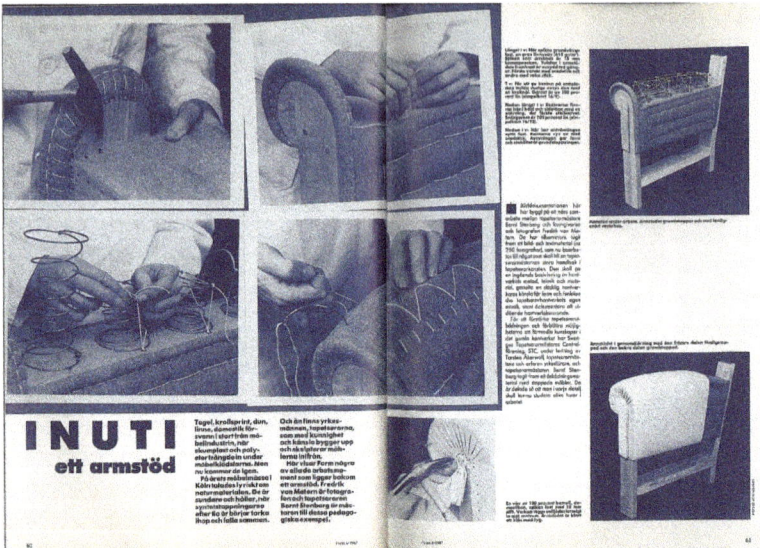

Bild 4. Tapetserarmästare Bernt Stenberg och fotograf Fredrik von Matérn visar hur ett armstöd görs. *FORM* 1987/6 (Copyright CC-BY-NC-ND)

varit forum för ett brett spektrum av designfrågor, från hantverk till stadsplanering. Den började som nyhetsbrev för medlemmar i Svenska slöjdföreningen, som grundades 1845. Föreningen bytte namn till Föreningen Svensk Form. Tidskriften har givits ut till en bredare publik från 1905. Under namnet *FORM* är den känd sedan år 1932. Tidskriften började alltså som ett medlemsorgan för en förening med syfte att främja kvalitetsvaruproduktion i Sverige. Detta gjordes genom att visa vad som kunde åstadkommas i det nyligen industrialiserade samhället. Rapporteringen var främst i textform som exempelvis debattartiklar; återgivna högtidstal; utställningsrecensioner eller resereportage men även i bilder av formgivning. Exempel ovan är dock av en relativt ovanlig typ. I 1980-talets utgivning finns sammanlagt mer än 8000 bilder, främst fotografiska men även andra typer av illustrationer. Så det är inte som fotografisk bild det är ovanligt. En femtedel av alla dessa illustrationer avbildar människor. Av dem är det endast sex procent som visar någon sorts görande eller designprocess. Det vill säga knappt hundra bilder under hela årtiondet. Det är som en del av denna sällsynta kategori som bilden av görandet av armstödet är ovanlig, och faktiskt extra ovanlig framförallt i sitt snäva fokus på händerna.

Kategorin *görandebilder* återfinns i såväl reportage från välkända verkstäder som från designskolor eller presentationer av unga, prisbelönta, eller nyutexaminerade formgivare – oftast som ett slags etableringsbilder, där läsaren får både ansikte och händer på formgivaren. Sedan 1960-talet har andelen bilder av görande stadigt minskat. I början av 2000-talet är det mindre än en procent av den totala mängden bilder som visar någon form av designprocess. Bara i undantagsfall kommer alltså läsaren i närheten av att visuellt närmare följa en process som på något sätt skulle kunna inspirera till att lära sig ett hantverk som i exemplet ovan. En tidskrift inriktad mot gör-det-själv-aspekter har fler pedagogiska illustrationer av produktionen än andra konst-, konsthantverks- eller designtidskrifter.[4] I exempelvis tidskriften *Hemslöjden* utgör görandebilderna drygt en tiondel av den totala mängden bilder.[5] Jämfört med andra design- och konsttidskrifter är det alltså mer vanligt förekommande med praktiskt delande av erfarenheter och handgrepp. Bilderna i artikeln "Inuti ett armstöd" hade således kunnat ingå i tidskriften *Hemslöjdens* repertoar men är ovanlig i *FORM*.

På ett annat sätt är artikeln dock helt typisk för 1980-talet, nämligen i sitt fokus på exklusivt hantverksframställda produkter.[6] Andra exempel som uppvisas är bokbinderi, pappersframställning, keramik eller sadelmakeri. I brist på annan industriframställning, i en tid då textil- och porslinsindustrin redan har lämnat landet, får de utgöra exempel på produktion i Sverige. Några glasbruk fanns då förvisso fortfarande kvar med industriell produktion och bilderna från glasframställningen är de absolut mest vanliga görandebilderna genom hela nittonhundratalets design- och konsthantverkshistoria såsom den produceras och reproduceras i *FORM* – men det är en annan historia. Sammantaget talar artikelns bilder om för dig som läsare att du kan göra skillnad genom att lära dig ett hantverk – eller åtminstone att informera dig något om innehållet i det du sitter på.

Viljan att med sin kropp förstå sin omvärld, och därmed också att förstå designobjekt och dess relation till människokroppen, kan diskuteras som en *mimetisk reaktion*.[7] Människan kan lära sig att göra vissa saker innan hon lärt sig sätta ord på dem. Överförandet av kunskap sker i imitationen av rörelser och handgrepp, som en kroppslig spegling eller ett eko av en annan kropp. Denna upprepning av andras kroppsliga stilar är en del av en lärandeprocess som är avgörande i formandet av en funktionsduglig samhällsmedborgare. Det grekiska ordet "mimesis" syftar just till en kroppslig praktik, som att lära sig dans, sång eller andra beteenden genom att härma mer erfarna kroppars rörelser. Det du lärt dig fortsätter sedan att definiera dig.[8]

Bilderna i reportaget ovan är ett tänkta att fungera enligt denna mimetiska princip. Genom hela hantverkshistorien har mästare etablerat sig genom att visa upp sitt hantverk i bokstavlig bemärkelse, i det mästarens hand gör, i de effektiva rörelser som leder till ett önskat resultat. Hantverkskunnandet förenar abstrakt tänkande och manuellt arbete baserat i teknisk och hantverksmässig kompetens.[9] Men vem känner sig manad att söka sig till det ena eller andra yrket, skrået eller den ena eller andra sysselsättningen? Hur förstår jag vad som låter sig göras? Genom härmning av vad mina föräldrar gör? Andra förebilder? Andra bilder?

Begreppet *interpellation* används för att beskriva vad som får en individ att lystra till och acceptera – eller underordna sig – den nuvarande ordningen, traditioner eller faktiska lagar.[10] Det finns några faktorer som avgör huruvida du helt enkelt i någon mån känner dig interpellerad, det vill säga bokstavligen tilltalad. För det första måste du förstå själva tilltalet. Situationen måste alltså vara begriplig för dig. För det andra måste du lita på eller erkänna den som utger sig för att vara en *auktoritet* och framstår som en sådan. Designobjekt interpellerar till handling, till användning eller skapande. Någonstans i en designprocess materialiseras någonting. Råvaror hanteras av någons händer, raffineras och bearbetas med hjälp av mer eller mindre avancerade verktyg. Att göra något, att visa upp *att* men även *hur* något görs bidrar till nytt görande. Ett hantverks traditioner och invanda handgrepp härmas och förs så vidare, som i exemplet med armstödets tillverkningsprocess ovan. Ordningen skapas av att hantverkets processer såväl som slutprodukter visas upp, omskrivs, utprövas och omskrivs igen. Interpellerandet erkänner och individualiserar ett subjekt, men begränsar samtidigt möjligheterna för vissa andra. Så vem ska känna sig kallad, manad till handling, av bilder som de ovan? Ett kritiskt genusperspektiv bidrar till diskussionen genom att väcka frågor om makt och motiv för detta. När genusteoretikern och filosofen Judith Butler i *Excitable Speech: A politics of the performative* (1997) använder sig av begreppet interpellation gör hon det som en utgångspunkt för en diskussion om hur och varför en känner sig tilltalad och inkluderad utifrån föreställningar om kön.[11] En viktig aspekt av exemplet med armstödet ovan är alltså att bilderna i åskådningsmaterialets form visar en tapetserarmästare som utför handgreppen. På så vis traderas välbeprövad, erkänd kunskap, som ska användas av tapetserarlärlingar. Det är en *performativ överföringsakt*. En lika viktig aspekt är just bildernas snäva fokus på händerna. Händerna i fråga bär få eller inga igenkänningstecken som gör det möjligt att fastställa exempelvis kön, ålder, eller tidsbestämning genom kläder och omgivning etcetera. I texten får vi veta att det är en mans händer, men bilderna avslöjar det inte. Det är ett medvetet stilgrepp – för att inkludera flera potentiella utövare.

I en artikel om kroppsrörelse och fysiskt skillnadsskapande – "Att kasta tjejkast" från 1977 – studerade statsvetaren Iris Marion Young hur pojkar och flickor, män och kvinnor blir definierade genom hur de rör sig.[12] Hon konstaterar att flickor tidigt lär sig att lägga huvudet på sned, le och lyssna samt begränsa sig. Med utgångspunkt i detta resonemang och den mimetiskpedagogiska logiken menar jag att det är ett viktigt ställningstagande att den inledande bildseriens snäva bildutsnitt inte tydligt visar vems händer som gör – om det är en man eller en kvinna som utför arbetet. Denna otydlighet kan därmed få dig att tro att det är möjligt för händer som just dina att lära sig handgreppen. Young intresserar sig särskilt för hur flickor lär sig att reglera sina rörelser och därmed skapa sina egna kroppsliga begränsningar. Hon menar att flickors och kvinnors rörelsemönster ofta kännetecknas av en återhållsam inåtvändhet, immanens, medan pojkars och mäns rörelser generellt kan beskrivas som transcendenta, eller utåtriktade. I resonemanget finns också en koppling till effektivitet i rörelsens utförande, där den som törs ta i mer, och ta hela kroppen till hjälp, som i signaturexemplet kast med liten boll, helt enkelt kastar längre. I förlängningen blir världen av möjligheter som står till buds för kroppar av olika kön indelade i rörelsemönster som ligger i linje med generaliserade föreställningar om vad de kan åstadkomma. Verksamheter som premierar små rörelser (som virkning eller broderi) skulle gynna kvinnliga deltagare och vice versa.[13]

Just hur olika gester och rörelser kommer till uttryck i en "stiliserad upprepning av handlingar" och förstås utifrån olika föreställningar om kön beskriver Judith Butler i sitt banbrytande verk *Gender Trouble* från 1990.[14] De handlingar som Butler diskuterar, och fortsätter att diskutera i flera av sina filosofiska undersökningar, är performativa till sin karaktär och genom att upprepa dessa så formas och *görs* kön. Hon menar att det inte är tillräckligt att genomföra endast en handling för att den ska erkännas som sådan, utan det är genom att upprepa det redan framgångsrikt gjorda, där handlingen får kraft av de tidigare, liknande handlingarnas auktoritet som ett performativt görande alls kan ske.[15]

För att göra mig en bild av vilka de tidigare framgångsrika designhandlingarna var och hur de relaterade till genus har jag i min forskning och materialinsamling tagit denna utmaning bokstavligt i det att jag studerat stora mängder visuella representationer av görande. Jag tänkte mig också att det utifrån Youngs studie av vad det innebär att "kasta tjejkast" skulle kunna gå att se tydliga skillnader i rörelsemönster mellan olika människor inbegripna i skapandet av design. Jag studerade därför *FORM*s bildmaterial som ett led i ett forskningsprojekt där jag gått igenom nittonhundratalets svenska utgivning av tidskrifter inom konst-, design-, konsthantverk eller hemslöjdssfären.[16] I de olika tidskrifterna presenteras de som gör – vare sig de kallas konstnärer, designer, konsthantverkare eller slöjdare – främst genom sina verk men ibland kan läsaren också få en inblick i den process som ligger bakom. Jag har i tidskrifternas bildmaterial sökt efter visuella representationer av händer och kroppar som gör design, konst eller hantverk för en översiktlig, kvantitativ undersökning av görandeaspekter. De visuella representationer som jag diskuterar i denna text är alltså tagna ur detta omfattande material. Så, utöver den bildserie jag inledningsvis presenterat, vilka förebilder och vilka skillnader fann jag?

Efter att ha gått igenom hela utgivningen av tidskriften *FORM* under 1900-talet menar jag mig förvisso kunna se att några *yrken* som glasblåsare, smeder och skulptörer oftare avbildas i ögonblicksbilder där utövaren står med armen höjd i en slagkraftig pose, mitt i en kraftfull och transcendent rörelse. Några signifikanta skillnader i fråga om immanens eller transcendens i mäns respektive kvinnors rörelsemönster kunde jag däremot inte tydligt se. Den absolut vanligaste rörelsen är istället generellt just den återhållna, den där blicken är fäst vid händerna och hanteringen av verktyg och material. Som särskiljande princip är genre viktigare än genus. Genreindelning, det vill säga att män och kvinnor är formgivare i olika genrer, är av större betydelse än genusindelningen i olika rörelsemönster. Den *transcendenta rörelsen* hos smeder och glasblåsare är densamma oavsett om den som utför rörelsen är man eller kvinna, medan dessa yrken vanligen var maskulint kodade under de tidigare årtiondena.

Jag vill nu vända blicken mot två av dessa genrer som framstår som feminint respektive maskulint kodade, bilindustrin där den manliga designern är norm, och sedan den feminint kodade textilens produktionsområde. Jag tänker mig att det är viktigt vilken typ av görande som de olika genrerna uppmanar till. Om förebilder fungerar interpellerande kan det vara avgörande för om du känner igen dig i den ena eller den andra genren och därmed tänker dig att din kropp, dina händer kan utföra handlingarna och handgreppen som krävs.

I ett reportage om Volvos design i *FORM* nummer 8 1983 skildras hur bilmodeller arbetas fram i formgivningsverkstaden. De som arbetar med framställandet av de första modellerna i trä och i lera ingår,

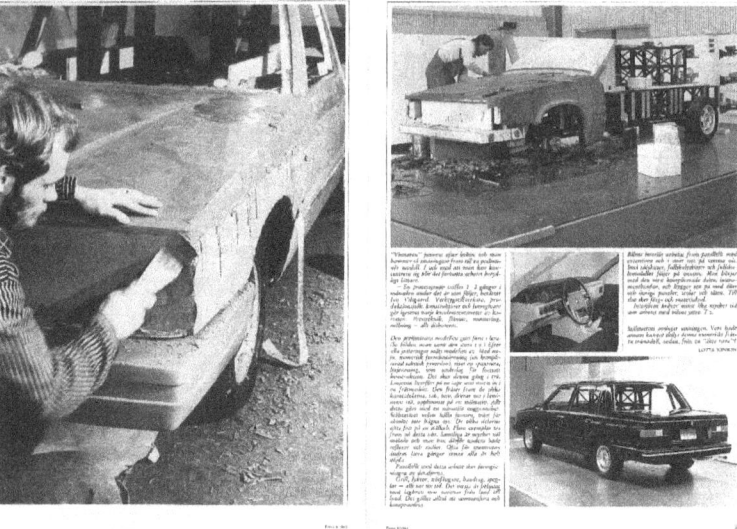

Bild 5. Volvomodell formas i lera och trä. *FORM* 1983/8
(Copyright CC-BY-NC-ND)

som artikeltexten säger, i ett processteam. I reportagebilderna frammanas bilden av hur de stora dragen och detaljerna smeks fram av män med spackelspadar, till ett taktilt, materiellt objekt för designteamet att mötas över, göra ändringar av och tillsammans bygga fram. Jag skriver "män" men kan inte vara säker på att det är manspersoner på bilderna. De har ansiktsbehåring som indikerar det och alla som omnämns i reportaget har mansnamn. Men deras rörelser är alltså inte könsstereotypt transcendenta på det sätt som Youngs studie indikerar. Blickarna är riktade mot den punkt där deras händers arbete utförs, där kroppens förlängning i verktyget möter materialets utbredning. Rörelseoskärpan i spackeltaget indikerar att rörelsen inte är mindre effektiv för att den är återhållen. I detta fall, liksom i genrebilder i övrigt, signalerar den mot händerna sänkta blicken noggrannhet.[17] Detta genom konsthistorien återkommande motiv kan exempelvis jämföras med Jan Vermeers (1632–1675) *Spetsknypplerskan* från 1669/1670.[18] Med blicken stint riktad mot knyppeldynan, har hon fått symbolisera såväl dygdighet som ett prov på konsthantverkarens upptagenhet av materialet och färdigställandet av produkten. Den sistnämnda åsikten förfäktas av den brittiske designhistorikern Peter Dormer. I sin polemiska text "Den ideala världen i Vermeers lilla spetsknypplerska" (1988) menar han att upptagenheten i sin tur enkelriktar den intellektuella kapaciteten till händernas produktiva arbete med en rad komplicerade och viktiga men därmed också fragmentariserande moment.[19] Som om det att hänga med näsan över sitt arbete motverkar reflexiva tankar och hindrar utövaren att höja blicken över praktikens horisont. I reportaget om Volvo störs inte modellören i sitt arbete. Det är istället chefsdesignern Jan Wilsgaard (f. 1930) som intervjuas och uttalar sig och framstår med namn. Volvoreportagebildserien som helhet signalerar att bildesign också är hantverk, ett arbete som verkligen utförs för hand i Sverige och därmed etablerar Volvo som en svensk produkt, gediget framställd. Medan artikeltexten talar om den exakta maskinframställda slutprodukten, fokuserar alltså bildframställningen istället hantverksaspekter. Designern har stått för en idé som materialiseras av människor som arbetar med sina händer. I artikeln omnämns de som *gör* som arbetare, och som lagspelare framställs de som viktiga. Det bilderna visar är inte löpande bandets produktion av bilar utan en hantverksmässig framställning av en modell. Modellen förmedlar en föreställning om den färdiga bilens uppenbarelseform och utbredning i rummet, en idé om motorhuvens konvexitet och hur blinkers interagerar med baklucka. Modellen är gjord av ett team som lagt många mantimmar på att lägga till och dra ifrån lera, rista in detaljer, forma bilen med sina händer men också att ta ett steg tillbaka för att beskåda och diskutera. Det är det prototyper är till för.

En annan bildserie publicerades under 1980-talet i både tidskrifterna *FORM* och *Hemslöjden*. Det gäller Handarbetets Vänners framställande av Elisabet Hasselberg-Olssons (1932–2012) verk *Minnet av ett landskap*, åren 1982–83. Att verket är textilt är symptomatiskt på det textila fältets dubbla tillhörighet till å ena sidan hemslöjdssfären där kvinnliga slöjdare är norm, å andra sidan den offentliga konstvärlden. Textila verk och verksamheter har en komplicerad historia av inneslutningar och uteslutningar på konstens fält. I det här fallet betyder den genreöverskridande karaktären ett dubbelt omnämnande i två olika tidskrifter med lika delar intresse för hantverk, motiv och placering.

Verket *Minnet av ett landskap* är en stor vävnad, 930 × 500 centimeter, vävd i tre delar, i handfärgat lin i 200 olika nyanser av grått. Som produkt är det som framställs i den process som reportaget visar att betrakta som konst. Det får också plats i tidskriften *FORM* under åttiotalets förståelse av vad det utvidgade formgivningsområdet omfattar. En av bilderna i reportaget i *FORM* nummer 6 1983 visar när konstverket kommer på plats i det nya riksdagshusets plenisal. Men det som tar störst plats i den visuella delen av reportaget är det utrymmeskrävande arbetet och de okonventionella arbetspositioner som det försätter medarbetarna i. I reportagets bilder återges flera av den typen av återhållna men ändå effektiva rörelser som jag i linje med Young redan har konstaterat vara den mest frekvent förekommande i görandets visuella representationsrepertoar. Men här synliggörs också en arbetsdelning mellan konstnären och de som väver. Konstnären behärskar förvisso vävningens hantverk men i det här verket är det Barbro Gren och Emiko Uematsu som väver. De är namngivna och framskrivna i reportaget. Därutöver framskymtar ytterligare ett antal medarbetare (varav en del presenteras med namn) vars insatser behövdes i arbetet med den stora väven. Samtliga förefaller vara kvinnor. Jag kan inte vara säker på att de är det. Men har huvudbehåring som indikerar det och deras rörelser är alltså könsstereotypt immanent på det sätt som Youngs studie visar. Den stora skillnaden dem emellan dem är vilken roll de har i framställandet av väven. Den typ av arbete de gör framträder inte bara i enskilda bilder, utan framförallt i själva den bildsammanställning som *FORM* gör. Se bara hur Emiko Uematsu sitter i bildreportagets sista bild *på* den stora väven. Hennes kroppshydda avtecknar sig som en mörk, kompakt väl sammanhållen form med alla lemmar väl samlade. Ingen transcenderande rörelse når utanför det mörka fältet. Huvudet är djupt nedsänkt och blicken är riktad mot händernas knytande av varptrådarna kring träramen. Placeringen av henne i relation till personerna längst fram och längst bak i rummet skapar en förståelse av verkets storlek – och ändå är det bara en tredjedel av verket. Jag förstår något om vävens storlek med min egen kropp som jämförelse.

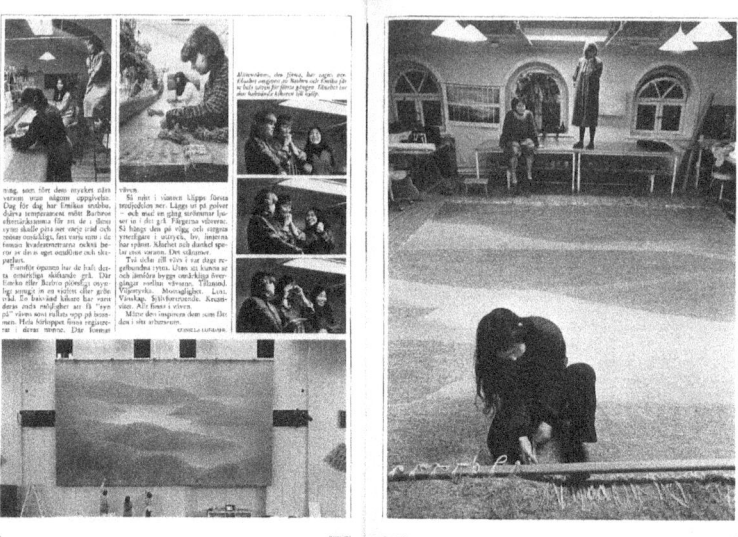

Bild 6. Handarbetets Vänners framställande av Elisabet Hasselberg-Olssons Minnet av ett landskap 1982–83 med Barbro Gren och Emiko Uematsu samt på plats i Sveriges riksdag. Fotograf: Anders Qwarnström. *FORM* 1983/6 (Copyright CC-BY-NC-ND)

Blickande ned mot väven, på andra sidan uppslaget i en sekvens om tre bilder återfinns Emiko Uematsu med Barbro Gren på varsin sida om Elisabet Hasselberg-Olsson. De ser ut att diskutera något. I en av bilderna höjs en kikare för att få syn på något (bild 6). Det är en bakvänd kikare, upplyser texten oss om, för att få distans till verket. Det är konstnären som skådar ut över väven med den bakvända kikarens förminskande perspektiv. Visuellt är alltså Elisabet Hasselberg-Olsson i flera bilder upphöjd över sina medarbetare men i texten skrivs samarbetet fram. Gunilla Lundahl skriver att samarbetet präglats av bland annat tålamod, mottaglighet, vänskap och kreativitet, något hon hoppades skulle prägla även arbetet i det rum för vilket verket skapades: Sveriges riksdag.[20] Det är ett verk laddat med förhoppningar och ett exempel på den exklusivt handgjorda produktion som åttiotalet gjort sig känt för. Helena Dahlbäck Lutteman, som då var chef över konsthantverksavdelningen vid Nationalmuseum, uttryckte sig så här om konstverket: "Med hjälp av lin, hopsamlat från olika delar av landet har [konstnären] skapat en bild av Sverige. Den är både allmängiltig och precis. [...] Genom sin centrala placering kommer den att bli ett bestående dokument som berättar om en sida av 1980-talet – den stilla enkelheten i ett rent material i samklang med naturen."[21] Här görs inte bara konst – här görs en bakgrundsbild för den representativa demokratin. Den hänger bakom talarstolen. Den är i sin visuella framträdandeform nedtonat grå. Den är stor och syns som bakgrund, fast den inte tar över det visuella utrymmet, varje gång våra folkvalda går upp i talarstolen. I verket samlas trådar bokstavligen från den tid som varit, av en viktig svensk textil linproduktion till den fixeringsbild som generationer riksdagsmänniskor ska tala framför.

Stora förhoppningar har så väl förr som senare fästs till de möjligheter som ett perspektiv på tingen omkring oss som inte nödvändigtvis redan är förknippade med förutfattade föreställningar om designerns kön, kan skönjas i såväl designteori som dito praktik. Så ser exempelvis designhistorikern Judy Attfield i *Wild Things* (2003) inte bara vardagens rum som en iscensättning av designhistoriens föremål utan också som en långsiktig strategi, en plattform att tänka utifrån. Det är en strategi som erkänner människor utanför den gängse gångbara designprofessionen, som skapande subjekt.[22] En omförhandling av vad som räknas till designhistorien kräver också en förståelse för hur genus performativt skapas genom socialt konstruerade, stiliserade handlingar. Dessa handlingar förhandlas som konventionella uttryck för exempelvis biologiskt kön genom en process av ständig upprepning. Det verkar vara kvinnor som är de som gör textila verk att döma av det senare exemplet och män som står för bilproduktionen att döma av det tidigare exemplet. De är verksamma i olika genrer. Detta är i linje med det förväntade handlingsmönstret. Men är det design de har gjort? Konstverket *Minnet av ett landskap* är inte i sig design men den textila genren delar en del av sin kontext med design. Det fungerar som ett offentligt konstverk och som ljuddämpande inredningsdesign i ett centralt placerat beslutsrum. En Volvo 740 brukar inte omnämnas som ett konstverk. I reportaget får bildesignern en särställning, ett namn och en röst, som brukligt är i vilken konstart som helst. Samtidigt tystas utförarna. Men den *delade erfarenheten* som många har av dessa verk i det offentliga rummet, av bilen som ses rulla gatan fram och konstverket i ett av Sveriges mest medialiserade rum tänker jag mig har spelat roll för att de tas upp i dessa reportage som är så rikt försedda med bilder på görandet. Just för att de är en angelägenhet för många är det viktigt att visa att dessa nationalklenoder skapats av kunniga händer i Sverige. Kanske kan fokus på det faktiska görandet bidra till att dekonstruera en gängse genreindelning. Genom att inte bara fokusera de färdiga objekten synliggör faktiskt tidskriften *FORM* i dessa exempel komplexiteten i designprocessen. Och vilka handlingar som krävts vid tillverkningen. Med fortsatt vidgat fokus på vilka som tillägnar sig dessa produkter och verk, möjliggörs ett vidare fält för designhistorieskrivning. Viktigare ändå kanske för framtida designhistoriker är att undersöka vilka kroppar som nu investerar kraft i att framställa alla de nya bilar som rullar ut från fabriken. Så sent som 2010 sökte Volvo personvagnar i Göteborg efter en "Product Design Clay Modeller" och annonserade under rubriken drejarjobb.[23] Jag hade inte förstått att detta var ett jobb som fanns om det inte hade varit för att jag hade sett det med mina egna ögon.

Om jag ovan skriver att tidigare utförda handlingar interpellerar nya generationers designer, vad kan då sägas om vad det har fått för effekt? I Lasse Brunnströms *Svensk designhistoria* (2010) beskrivs 1990-talets kritiska designgeneration bland annat utifrån hur de sätter handens arbete i fokus på ett nytt sätt.[24] Den nya generation som presenteras är engagerade i sociala och politiska aspekter av estetiska frågor. Designgruppen Front skrivs fram som exponenter för denna riktning. På bilden som ackompanjerar texten i Brunnströms framställning, utför Front stiliserade handlingar som i sig kommenterar hur design blir gjord. *Sketch furniture* var ett projekt där de skissade möbeltankar i luften för överföring till digitala data som i sin tur manifesterades som objekt genom att skrivas ut i en 3D-skrivare.[25] Processen som presenteras är en metakommentar till det fokus som läggs vid vad som är av en stjärndesigners egen hand, men det är också en ny typ av praktisk forskning i konsten att skissa.

Eller ett sätt att som designer kunna kringgå hela produktionsledet, att gå från tanke till färdigt projekt utan att behöva blanda in andra kroppar än sin egen. Jag vet inte om Front har sett exakt de bilder som jag har skrivit om ovan. Men något måste de ha sett i den designhistoria som de har tillägnat sig som fått dem att med sin design vilja kommentera den uppdelning som gjort vissa handlingar viktigare än andra. När Lasse Brunnström skriver in detta i sin designhistoria och jag lägger in den som kursbok i de kurser jag undervisar i bidrar vi till att upprepa och tradera dessa handlingar.[26]

Jag har ovan diskuterat hur design, som genre, historia och produkt *görs*. En av de viktigaste poängerna jag vill att du ska ta med dig efter läsningen av denna text är att vissa verk görs till designhistoriskt relevanta, av den *utnämningsmakt* som tidskriften i sin tongivande roll har: genom det enkla faktum att de tas upp i tidskriften FORM. De objekt och processer som FORM tar upp som designhistoria utgör *ordningen*, i Althussers mening. Att vilja fortsätta göra design i denna ordning är att interpelleras av den. Om design med ett kritiskt förhållningssätt till normer och vanor i designpraxis fungerar samhällsomstörtande eller åtminstone interpellerar fler, beror på de avgörande faktorer som gör att en person tror att hen kan vara en designer. Butler skriver i *Genus ogjort:* "begreppens sociala artikulation är beroende av dess upprepning, något som utgör en dimension av genus performativa strukturer. Begrepp som betecknar genus /.../ omskapas hela tiden".[27] Normerna såväl som det "ogjorda" har sina positiva och negativa aspekter. Normer är såväl förutsättningen som begränsningen. Att inte rymmas inom normen eller ordningen kan fungera exkluderande rätt och slätt. Jag har diskuterat det i termer av ett interpellerande, som alltså erkänner somliga subjekt men begränsar samtidigt möjligheterna för vissa andra. Men om normer görs ogjorda kan det öppna för nya skapande subjekt. Som exemplet med blickarna på händerna. Det har använts och upprepats som ett tecken på normerande noggrannhet genom konsthistorien. Det har beskrivits som feminint i sin återhållsamhet. Men i de exempel jag diskuterat ovan är det helt enkelt en visuell representation av görande som inbegriper mänsklig handling utan vidare genusmarkörer. Jag har i det första exemplet diskuterat det som ett medvetet stilgrepp som kan inkludera flera. Jag har därefter diskuterat hur genus fungerar performativt genom inkludering utifrån föreställningar om kön. Och kunnat konstatera att det för det första är genre viktigare än genus som särskiljande princip. Där gäller alltså att rörelsernas återhållna karaktär oavsett vem det är som gör. Men även att det inom såväl i exempel från bilindustrin som från konstvävnadssfären *inte* är den som står som upphovsperson som visuellt representeras i handling.

 Om en vänder blicken mot designområdet i stort, kan detta kritiska perspektiv användas för att beskriva hur traditionen, ordningen och ideologin påverkar de institutioner som är viktiga i hantverks- och designhistoria. Som historiker kan jag välja att ta upp och värdera tidigare redan ofta traderade verk och artefakter, eller så kan jag addera alternativa verksamheter och välja hur jag vill skriva om dem. Sådan är historikerns performativa makt att skapa konsthistoria. Om den blir framgångsrikt traderad, upprepad och citerad, fungerar den. Vad jag menar är: det är inte bara kön som görs utan även designerrollen. Designern liksom designhistorikern erkänns genom sin handling.

Vidare läsning

Konsthantverk i Sverige del 1, Christina Zetterlund, Johanna Rosenqvist och Charlotte Hyltén-Cavallius (red.). Mångkulturellt centrum, Botkyrka 2015.

Anneli Palmsköld och Johanna Rosenqvist "Handicrafting Gender: Craft, Performativity and Cultural Heritage", i Wera Grahn och Ross Wilson (eds.) *Heritage and Gender*. Routledge, New York and London 2017.

Johanna Rosenqvist, "En vara som kan tala? Om historieproduktion och postindustriellt glasbruk" i Axel Andersson (red.) *Massa i rörelse*, Konstfrämjandet, Stockholm 2017.

Richard Sennett, *The Craftsman*, Yale University Press, New Haven, 2008.

Noter

1. John Heskett *Design – en introduktion*. Raster förlag, Stockholm 2005, s. 16.

2. Denna studie möjliggjordes av forskningsprojektet "Konsthantverkande och performativitet. Representationer av genus och genre" vid Avdelningen för konsthistoria och visuella studier vid Institutionen för kulturvetenskaper, Lunds universitet 2011–2013. I projektet undersökte jag vilka visuella representationer av tillverkningen av konst, konsthantverk, design, hemslöjd som iscensätts i olika genrespecifika tidskrifter och i vilken utsträckning kan gängse föreställningar om kön omförhandlas och utmanas av utövarna.

3. Bernt Stenberg, Torsten Åkervall och Fredrik von Matérn, *Möbelstoppning som hantverk*, Sveriges tapetseraremästares centralförening (STC), Stockholm, 1988.

4. Johanna Rosenqvist, "Att ta saken i egna händer" i Clara Åhlvik och Otto von Busch (red.) *Handarbeta för en bättre värld*. Jönköpings läns museum, Jönköping 2009.

5. I tidskriften *Hemslöjden*s sextiotalsutgivning finns det mer än 1 400 svartvita bilder som dokumenterar föremål och framställande. Under 2000-talet har antalet bilder fyrdubblats och över 4800 illustrationer (allt från serier för unga slöjdare, till dokumentärer) visar processen. Tidskriften *Hemslöjden* grundades år 1933 av konsthistorikern Gerda Boëthius. Sedan dess har sedan den varit en mer eller mindre officiell informationskälla för hemslöjdsrörelsen i Sverige. Syftet har varit att bevara och förnya folkkonst och hantverk med inriktning på småskalighet, lokala traditioner och med naturliga material. Sedan grundandet av Föreningen för Svensk Hemslöjd av Lilli Zickerman 1899 har hemslöjdsrörelsen i Sverige varit en viktig kulturinstitution. Mer om detta har jag skrivit i avhandlingen *Könsskillnadens estetik? Om konst och konstskapande i svensk hemslöjd på 1920- och 1990-talen,* (diss.) Lunds universitet), Nordiska museet, Stockholm 2007.

6. Se exempelvis Monica Boman et al (red.), *Om konsthantverkare i 80-talet*, Carlsson, Stockholm 1989.

7. Torsten Weimarck, "Further reflections on the performative experiences of artefacts for everyday use" i Tomas Björk (red.) *Det åskådliga och det bottenlösa. Tankar om konst och humaniora tillägnade Margaretha Rossholm Lagerlöf*, Eidos nr 22. Stockholm University, Stockholm, 2010, s. 258.

8. Richard Sennett skriver så här: "who we are arises directly from what our bodies can do. Social

consequences are built into the structure and the functioning of the human body, as in the workings of the human hand". Richard Sennett, *The Craftsman*, Yale University Press, New Haven, 2008, s. 290. Sennett beskriver i *The Craftsman* hur sociala konsekvenser är inbyggda i hantverkets struktur med exempel från omvärlden så olika som datorprogrammering, snickeri, politik, matlagning och bildkonst.

9. Glenn Adamson menar att kunskap om den faktiska handlingen att göra design/konsthantverk/konst kan sägas fördjupa förståelsen vad kan sägas om ett verk. Glenn Adamson, *Thinking Through Craft*, Berg, London, 2007.

10. "All ideologi interpellerar individerna i deras egenskap av subjekt", hävdar Louis Althusser i sin text om ideologi från 1970. Louis Althusser "Om ideologiska apparater: Med introduktion av Göran Therborn" i *Zenit* 1/1973 (31), s. 26. Ett av hans exempel, det kanske mest kända, är då en polis ropar "hallå, du därborta!" (eller varför inte – Stopp i lagens namn!) och den laglydige medborgaren stannar upp efter som hela lagstiftningen och polisämbetets makt ligger bakom uppmaningen. http://www.marxistarkiv.se/klassiker/althusser/althusser_om_ideologiska_apparater.pdf

11. Judith Butler, *Excitable Speech. A politics of the performative*, Routledge, New York, 1997. Se även Sara Edenheim, *Begärets lagar: moderna statliga utredningar och heteronormativitetens genealogi* (diss.). Lunds universitet, Brutus Östlings Bokförlag Symposion, Stehag 2005.

12. Iris Marion Youngs text utgår från studiet av skillnader mellan en 5-årig flickas och en 5-årig pojkes kast med liten boll. Hon låter sig inspireras av tidigare studier och anlägger sin förklaringsmoteld med utgångspunkt i franska feministers olikhetsmodell och den situerade kunskapen. Erwin Straus som gjort kaststudien utgår primärt från fotoserier. Han tycker sig kunna konkludera att flickan i studien inte använder

sig inte av 'det laterala rummet', det vill säga hennes rörelse inbegriper inte en sidorörelse utan är helt frontal. Detta tycker Straus är anmärkningsvärt och han menar att det inte kan ha en biologisk, eller snarare fysiologisk förklaring eftersom flickan inte har fått bröst än (sic!). Och det kan inte vara inlärt menar Straus eftersom barnen är så unga. Det måste ha att göra med en kvinnlig attityd, menar han. Young tar hans resonemang vidare med hjälp av en kritisk analys. Iris Marion Young *On Female Body Experience, "Throwing Like a Girl" and Other Essays*, Oxford University Press, New York 2005, s. 27–45.

13. Anneli Palmsköld och Johanna Rosenqvist "Att göra kön" i *Konsthantverk i Sverige del 1*, Christina Zetterlund et al (red.), Mångkulturellt centrum. Botkyrka 2015. Se även Palmsköld och Rosenqvist i "Handicrafting Gender: Craft, Performativity and Cultural Heritage", i Wera Grahn och Ross Wilson (eds.) *Heritage and Gender*, Routledge New York and London 2016.

14. Judith Butler, *Genustrubbel: feminism och identitetens subversion*, svensk översättning av Suzanne Almqvist, Daidalos, Göteborg 2007, s. 219.

15. Judith Butler, *Bodies That Matter. On the Discursive Limits of "Sex"*, Routledge, New York, 1993, s. 226f. Teater- och genusvetaren Tiina Rosenberg förklarar interpellation i detta sammanhang som "den process genom vilken en kulturs representationer – genom medier som television, film, teater, tidskrifter, reklam, etc. – så att säga tvingar att acceptera de ideologier som förmedlas av dess representationer. /.../ Paradoxalt nog föregår och betingar den diskursiva betingelsen för socialt erkännande formeringen av subjektet: erkännande ges inte till ett färdigt subjekt, utan formar detta subjekt." Tiina Rosenberg i "Inledning" till *Könet brinner*, Natur och kultur, Stockholm, 2005, s. 26.

16. Jag har alltså studerat de performativa aspekterna av praktiska färdigheter – görande – med tidskrifter som primärt empiriskt materialet. Min översiktliga,

kvantitativa, statistisk undersökning av görandeaspekter i konst-, konsthantverk- och designtidskrifter visar att det finns fler skillnader i representationer mellan de olika tidskrifterna än det finns skillnader mellan årtiondena. Konsttidskrifter fokuserar det autonoma verket, helt avskilt från sin skapare (med några undantag i fråga om den enskilde konstnären Jackson Pollock, eller som i fråga om performancekonst överlag). Det mest uppenbara undantaget från regeln att det är sig likt över tid är den ökade förekomsten av grafikverkstadsbilder på sjuttiotalet.

17. Se Anna Lena Lindberg "Den broderande konstnären" i Anita Göransson (red.) *Sekelskiften och kön. Strukturella och kulturella övergångar år 1800, 1900 och 2000*, Stockholm 2000. s. 153–178. Se vidare om genus och genre i Johanna Rosenqvist "Transgressing the borders of textile art" paper framlagt vid *Gender and Power in the New Europe 5th Feminist European Research Conference*, Lunds universitet, 20–24 augusti 2003, https://lucris.lub.lu.se/ws/files/6103686/3046620.pdf

18. Se mer om Vermeers verk här: http://www.louvre.fr/en/oeuvre-notices/lacemaker. Sedd 2017-02-08

19. Peter Dormer "Den ideala världen i Vermeers lilla spetsknypplerska" (1988) i Torsten Weimarck (red.) *Design och konst: texter om gränser och överskridanden. D. 2, Texter efter 1960*. Stockholm: Raster, 2003, s. 121.

20. Gunilla Lundahl "Inte bara en bild" i FORM 1983/6, s. 34. Även i dokumentation av verket på HV såväl som i Riksdagen nämns inte bara namnet på konstnären utan även namnet på vävarna.

21. Helena Dahlbäck Lutteman "Konsthantverkets 1980-tal" i Monica Boman et al (red.), *Om konsthantverkare i 80-talet*, 1989, s. 22.

22. Judy Attfield, *Wild Things. The Material Culture of Everyday Life*. Berg, Oxford 2000.

23. http://vakanser.se/jobb/clay+modeller+product+design+2/ sedd 2017-02-08.

24. Lasse Brunnström, *Svensk designhistoria*, Raster, Stockholm 2010.

25. http://www.designfront.org

26. När du läste det jag skrev, tänkte du dig designgruppen Front som män eller kvinnor eller ingetdera eller bådadera? Se Fronts hemsida och särskilt projektet Sketch Furniture: http://www.designfront.org/category.php?id=81 sedd 2017-02-08

27. Judith Butler, *Genus ogjort. Kropp, begär och möjlig existens*, övers. Karin Lindeqvist, Norstedts, Stockholm, 2006, s. 31. (original *Undoing Gender* 2004)

Anrop och svar
Om det politiska utrymmet i Janet Cardiffs ljudinstallation *Forty-Part Motet*
Anna Lundström

Kan konstverk *tilltala* sina betraktare? Kan en samling föremål i ett rum eller färgfält på en duk göra något sådant som att tala till den person som står inför det? Att *tilltala* är ett verb och för att verb ska fungera behöver de ett subjekt som kan aktivera dem. För att diskutera just konstverkets tilltal och de betraktarpositioner som det förutsätter utgår jag i denna text från en ljudinstallation av den kanadensiska konstnären Janet Cardiff (f. 1957).[1] Jag begränsar med andra ord inte min undersökning till att endast diskutera huruvida verket tilltalar betraktarna, utan jag kommer dessutom att påstå att ett tilltal i viss utsträckning också *bestämmer* betraktaren, det vill säga att tilltalet är *performativt*. Ytterst är jag intresserad av den politiska räckvidden i detta tilltal – på vilket sätt, om alls, konstrueras betraktarna som politiska subjekt inför verket?

Vårvintern 2006 visades Cardiffs ljudinstallation *Forty-Part Motet (A reworking of "Spem in Alium" by Thomas Tallis 1573)* (2001) i Konstnärshusets stora sal i Stockholm. Verket upptog hela utställningssalen. Fyrtio högtalare, fästa på manshöga

---

Hur du refererar till det här kapitlet:
Lundström, A. 2017. Anrop och svar: Om det politiska utrymmet i Janet Cardiffs ljudinstallation *Forty-Part Motet*. I Hayden, M. H. and Snickare, M. (red.) *Performativitet: Teoretiska tillämpningar i konstvetenskap: 1*. Pp. 44–61. Stockholm: Stockholm University Press. DOI: https://doi.org/10.16993/bal.d. License: CC-BY 4.0

stativ, stod utplacerade i en långsmal oval längs salens väggar och i mitten av rummet stod två enkelt designade bänkar, men det var också allt. Ur högtalarna strömmade katolsk renässansmusik: en nyinspelning av Thomas Tallis (d. 1585) stycke *Spem in Alium* som är daterat till tidigt 1750-tal.[2] Konstverkets detaljerade installationsbeskrivning ger en tydlig bild av hur utställningen måste ha tett sig för den besökare som befann sig där och då. Jag citerar här en stor del av texten eftersom den ger en god bild av verkets tilltal till tänkta betraktare:

> The piece requires its own space. No text or any other works should be in the space. The exhibition space is to be a closed off, dedicated space which will need to be fully securable, and have full-time invigilation or security.
> The walls in the exhibition space should be painted in light gray or white. Ideally the space has windows.
> [...]
> No background or ambient noise should be audible in the proposed space (i.e. mechanical systems, air conditioning, street noise, tour group lobby, cash registers, theatre etc.). If necessary, venues should be prepared to build a room within the gallery to achieve this requirement [...].
> No other artwork will be placed within the exhibition space.
> No special events or functions, smoking, eating or drinking not permitted in the dedicated exhibition space.
> A hall entrance may have to be built to protect sound from other areas in the museum.
> Visitors must be able to circulate freely; no permanent seating should be present except for the required seating (2 benches at either end are necessary). – The benches should approximate 150 cm long × 43 cm wide × 46 cm high [...].

Benches must be built or borrowed at the expense of the Presenter. Ideally the colour should match the floor. See diagram below.[3]

Utställningsrummet skulle idealt vara 21 × 17 meter, ha en takhöjd på minst 4 meter och ljuset naturligt.[4] Intill verket fanns också en skylt med information om verkets längd: 14 minuter.[5] Utställningen på Konstnärshuset följde i stort sett dessa instruktioner. Installationen inrättade ett för ändamålet iordningställt rum där varje störande moment rensats bort.[6]

Den reduktion av omgivande element som installationsbeskrivningen talar om betyder dock på intet sätt att utställningsrummet inte förmedlade betydelser. Den omsorgsfulla avskärmningen av verket och ambitionen att undanröja alla störande yttre moment visar tvärtom på ett tydligt ställningstagande. Reduktionen bär också på ett specifikt historiskt och teoretiskt arv. Denna typ av utställningsrum kom i 1960- och 70-talens institutionella kritik att karaktäriseras som "isolerad", i den pejorativa bemärkelsen samhällsfrånvänd. Under beteckningen den *vita kuben* blev det utställningsidealet för modern konst också kritiserat för att vara en ideologisk plats. Ideologisk i bemärkelsen att dess neutralitet pekades ut som skenbar och därmed kapabel att dölja museirummets ekonomiska, sociala och politiska verkligheter. Flera generationer av kritiska konstnärer, curatorer och konstvetare har i linje med den typen av analys föresatt sig med att avslöja det som de vitmålade väggarna antogs dölja. Brian O'Doherty (f. 1928), konstnär och kritiker verksam i USA, sammanfattade några av huvudargumenten i en rad artiklar som publicerades i *Artforum* 1976–1986.[7] Vid denna tid presenterade också den amerikanske konstkritikern och filosofen Arthur C. Danto (1924–2013) en definition av konst som baserades på de historiska, kulturella och sociala ramverk som omger den ("The Artworld", 1964).[8]

Cardiffs ljudinstallation *Forty-Part Motet* på Konstnärshuset 2006 kan förstås som en dubblering av den så kallade vita kuben. I det följande kommer jag dock att vända på begreppen. Snarare än att betrakta det rum som verket inrättade som isolerat – och därmed som en närmast per definition politiskt impotent plats – argumenterar jag för att Cardiffs installation visst kan förstås som en plats för just politik. För att göra denna tolkning kommer jag att skifta fokus en aning, från verket och dess olika beståndsdelar (högtalarstativen, bänkarna i mitten av salen, den inspelade musiken) och mot den tänkta betraktaren och dess handlingsutrymme i verket. Jag kommer med andra ord att koncentrera mig på verkets *performativa tilltal*.

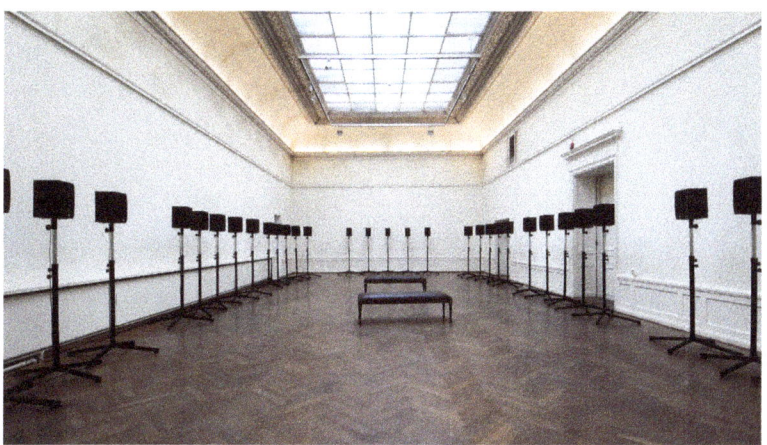

Bild 7. Janet Cardiff *Forty-Part Motet (A reworking of "Spem in Alium" by Thomas Tallis 1573)* (2001), 2006. Foto: Per-Anders Allsten/Moderna Museet (Copyright CC-BY-NC-N)

I *Forty-Part Motet* öppnar högtalarstativen upp ett tomt centrum, medan det återgivna musikstycket bygger på en sedan länge förlorad textkälla.[9] Frånvaron av styckets originaltext svarar på ett innehållsmässigt plan mot verkets sparsmakade gestaltning i utställningsrummet. Den betraktare som *Forty-Part Motet* förutsätter tycks i det avseendet påbjuda ett slags vistelse i verket. Det finns inte något urskiljbart budskap i verket, inte någon berättelse att fästa uppmärksamheten vid eller nämnvärda visuella fixpunkter att betrakta. På vilket sätt *tilltalar* ett sådant verk betraktarna, eller annorlunda uttryckt, hur konstitueras besökarna som betraktare inför ett sådant verk?

Den nederländska kulturteoretikern och kritikern Mieke Bal (f. 1946) har utvecklat begrepp för att åskådliggöra hur konstinstitution, utställning och verk på olika nivåer relaterar till en tänkt betraktare.[10] Utifrån en semiotisk modell (där lingvistiska begrepp används för att få syn på generella betydelsemönster i en viss situation) för Bal in ett antal *pronomen* för att analysera utställningar. Hon läser in en form av grammatik i utställningen där de olika delarna – utställningsrum, informationstexter, verk och besökare – står i inbördes relation till, och i viss utsträckning även skapar, varandra. Hos Bal är konstinstitutionen i sin helhet att likna vid ett "jag" som performativt tilltalar besökarna som då blir ett "du". Med hjälp av de utställda föremålen eller verken berättar institutionen (jaget) något. Verken intar då en tredjepersonsposition i denna utställningens grammatik. De utställda föremålen blir "han, hon, den eller det" som det talas om men som inte själv deltar i samtalet. Bal menar att det finns ett auktoritärt drag i den här typen av berättande: konstinstitutionen ("jag") visar något för betraktarna ("dig"). Hon har beskrivit den här typen av berättande som en *museal diskurs*, som fungerar som ett uppmanande "Se!" som rymmer ett underförstått, men inte alltid uttalat, "Så här är det".[11] "Jaget" framträder nämligen sällan i egen hög person, utan sjunker istället undan till ett mer konstaterande berättande. I en sådan situation tenderar besökarna att bli tilltalade som åhörare snarare än samtalspartners. Det som det talas om, det vill säga själva konstverken, blir också passiva representationer som finns där för att understödja "jagets" berättelse. Bals modell med museet som ett närvarande men osynliggjort "jag", besökaren som ett tystat "du" och de utställda verken som en objektiverad tredje persons-position är måhända förenklad.[12] Det är vanligt att flera typer av tilltal byggs in i en och samma utställning, och de utställda verken hanteras sällan som passiva illustrationer till en redan färdig berättelse. Mieke Bals tredelade modell är, trots dessa invändningar, användbar eftersom den så tydligt visar hur betraktarpositioner *konstrueras* i relation till verkets, utställningens och institutionens tilltal.

Utställningen *1:a på Moderna februari: Janet Cardiff* i Konstnärshusets stora sal var en del i en serie som Moderna Museet producerade under en period för att visa den samtida konsten. Seriens syfte var folkbildande. I ett internt arbetsdokument som författades inför starten står det: "Vi vill visa för vår publik hur konstnärer tänker och arbetar just nu".[13] Museet hade med andra ord en ambition att förmedla något med serien som helhet. Cardiffs installation skulle i detta sammanhang representera den samtida konsten just år 2006. I det pedagogiska tilltalet antogs alltså betraktarna i någon mån som åhörare till en redan färdig berättelse, det finns inte mycket utrymme för dem att gripa in i, eller förhålla sig kritiskt till det som museet (det undanglidande "jaget") förmedlade. Samtidigt är det mycket möjligt att de som besökte Konstnärshusets stora sal mellan den 1:a och 26:e februari 2006 inte uppfattade museets övergripande ambition med serien. För många framstod säkert installationen som en enskild utställning av ett enda verk. I de fallen skulle ett mer direkt tilltal kunna upprättas mellan verk och betraktare – ett slags subdiskurs som undkom den *museala diskursens* instruerande tilltal.[14] Eftersom verk i en utställning finns närvarande i rummet kan olika betraktare förhålla sig relativt självständigt till det som visas. Till skillnad från berättande i exempelvis litteratur eller film finns betraktarna i utställningssalen och de kan röra sig mellan verken. Man skulle kunna beskriva det som att betraktarnas fysiska rörelse i rummet kan bryta upp museets (jagets) övergripande berättelse. Besökare som rör sig kors och tvärs genom utställningen, ser början men inte slutet eller kommer dit för att bara se ett enstaka verk, kan skapa andra förbindelser mellan verken än de som avsågs. Det är då rimligt att tala om att en *dialogisk situation* inrättas mellan verk och betraktare.

För att återkoppla till Bals pronomen skulle man kunna beskriva det som att verket, snarare än curatorn eller institutionen i mer anonym bemärkelse, här intagit positionen av ett "jag" som riktar sig direkt till besökarna som ett "du". Eftersom verket finns tydligt närvarande i rummet, möjligt för var och en att ta ställning till, har besökarna också möjlighet att svara. Därmed kan betraktaren potentiellt, i sitt svar, skifta över till förstapersonspositionen.[15] I *Forty-Part Motet* är den här möjligheten inbyggd i verket som sådant. Varje stämma har i Cardiffs verk spelats in separat och installationens utbredning i rummet gör det möjligt för betraktaren att röra sig mellan högtalarstativen. Denna kan välja att stå vid en enda högtalare stycket igenom och på så vis inta positionen av en av de fyrtio sångarna, eller sätta sig ned på en av bänkarna och höra stycket som från körens mitt, hen kan också vandra runt i rummet och på så vis höra de alternerande körerna från ständigt nya perspektiv. Då verket visades i Konstnärshusets stora sal fanns en skylt intill verket som uppmuntrade betraktarna att röra sig genom rummet: "Gå gärna runt bland högtalarna".[16] Mieke Bal har i anslutning till sitt resonemang kring betraktarpositioner och tilltal beskrivit hur enskilda betraktares tolkningar blir ett slags framträdande (*performance* är ordet hon använder) i relation till verket.[17] Tolkningen blir ett bland flera möjliga svar, och kan liknas vid ett beslut, eller ett tillfälligt stopp i verkets potentiella betydelseproduktion, där den öppna situationen ges en preliminär riktning. Betraktad så blir tolkningen ett påstående eller ett hävdande som likafullt kan motsägas eller kompliceras av nästa tolkning.[18]

Den franska filosofen Jacques Rancières (f. 1940) begreppsvärld är användbar för att tydliggöra kopplingen mellan en aktiv tolkningsposition och politik. I en rad böcker och artiklar har Rancière ifrågasatt själva skiljelinjen mellan estetik och politik. Hans övergripande ärende är att visa hur konst i sig kan sägas utöva politik, vilket är något annat än konst som förmedlar politiska budskap.

Det *performativa tilltal* som jag läser in i Cardiffs verk öppnar inom en sådan tolkningsram upp för potentiellt politiska betraktarpositioner. Rancières politik kan nämligen karaktäriseras som lika "tom" som Cardiffs installation.[19] "Tom" syftar här på att den politik det handlar om inte utgår från någon korrekt modell, eller övergripande ideologi mot vilken enskilda handlingar kan testas. Den politik som Rancière beskriver är snarare något som uppstår i singulära situationer, i de enskilda tillfällen då de individer som ännu inte erkänts som fullt ut agerande subjekt ändå gör anspråk på att både synas och höras i egen rätt. Det handlar om ett *ianspråktagande* som i förlängningen kan orsaka en omstrukturering av de indelningar och hierarkier som utgör vad Rancière kallar *det gemensamma* (eller samhället).[20] Denna politik grundar sig i en tvist om språket. Med hänvisning till Aristoteles påstående att människan skiljer sig från djuret i det att hon äger ett språk visar Rancière att det som står på spel i politiken i själva verket är en tvist om gränserna för det gemensamma språket. Enligt Aristoteles skilde sig människan från djuren i det att hon inte bara ägde tillgång till läten för att uttryck smärta eller njutning, utan även hade orden och därmed kapacitet att uttrycka mer raffinerande resonemang. Politiken äger rum då någon som uttryckt vad som i ett givet sammanhang uppfattas som ett läte plötsligt insisterar på en plats i språket; övergången mellan läte och språk handlar därför också om en omfördelning av synligheter och subjektspositioner. Att erövra en plats i språket är också att positionera sig i en form av offentlighet (eftersom språket alltid behöver delas av fler för att fungera).[21]

Läst genom Rancières begrepp kan det tomrum som *Forty-Part Motet* både rumsligt och innehållsmässigt kretsar kring förstås som ett sätt att tilltala betraktarna som politiska subjekt. Tilltalet kan då beskrivas som performativt eftersom det inte i första hand syftar till att berätta eller beskriva något för en tänkt åhörare (som i det konstaterande tilltalet) utan istället tycks anta betraktarna som potentiella subjekt, som en tänkbar pol i en dialog.

I *Forty-Part Motets* detaljerade installationsbeskrivning formulerades ett rum där de omgivande elementen reducerats till ett minimum. Det utställningsrum som framträder i Cardiffs installationsbeskrivning skulle (i linje med karaktäriseringen av den så kallade vita kuben) kunna förstås som ett sätt att frikoppla verket från omgivningen. Den detaljerade beskrivningen gör att ljudinstallationen inrättar ett slags rum i rummet. Läst genom Bals och Rancières resonemang kan frikopplingen förstås, inte som samhällsfrånvänd isolering, utan som en metod för att åstadkomma en förskjutning i det sätt vi upplever, ser och förstår det som visas.[22] Det betyder att en vistelse i *Forty-Part Motet* inrättar en skillnad gentemot exempelvis en vistelse i gatukorsningen utanför Konstnärshuset. Det är i den kontrastverkan som jag menar att installationen kan sägas åstadkomma en omfördelning av det som Rancière kallar "det gemensamma", en omfördelning som vi alltså kan översätta med "politik".[23]

Konstinstitutionen, i mer generell bemärkelse, har i diskussionerna kring den så kallade vita kuben, kritiserats för att det inrättar statusmässiga hierarkier (föremål lyfts fram som konst och höjs därmed över bruksföremålets funktion). Men det är också möjligt att tvärtom betrakta konstinstitutionen som en ram som möjliggör en utjämning av hierarkier. Väl antaget som konst blir det framvisades alla delar potentiellt meningsbärande, allt blir lika meningsfullt eller lika meningslöst och sedvanliga hierarkier och kategoriseringar sätts ur spel.[24] Cardiffs installation och Tallis stycke blir i utställningen på Konstnärshusets stora sal synliga och förnimbara på ett sätt som de inte är utanför utställningens rum. Det viktiga här är inte att göra en värdering mellan de olika formerna av synlighet utan att just belysa skillnaden, att konstinstitutionen inrättar en *annan* typ av synlighet.

Hur kan då de betraktare som befinner sig i installationen uppfatta denna skillnad? Till sin komposition är Tallis stycke konstruerat som ett livligt spel mellan körerna. Dessa alternerar mellan att sjunga och lyssna, eller *anropa* och *svara*. Stundtals framträder alla rösterna i en stark unison sång, stundtals hörs en enskild stämma sjunga som i fjärran. Den polyfona komposition som utmärker katolsk renässansmusik iscensätter ett spel mellan individ och kollektiv. Varje stämma är i sig självständig och det finns inte någon hierarki mellan melodistämma och harmonistämmor: alla stämmor är potentiellt jämlika.[25] Det är något som förstärks i Cardiffs installation, där varje enskild stämma spelats in separat och återges i en egen högtalare. *Forty-Part Motet* är dock inte bara musik utan också en installation som under en begränsad period visades i Konstnärshusets stora sal. Till skillnad från en uppspelning av Tallis stycke hemma i vardagsrummet inrättar installationen en *offentlighet*.[26] Denna form av synlighet gör att betraktaren aldrig fullt ut tillåts glömma sin egen fysiska placering i verket. Installationen öppnar på så vis upp en plats där undandragandet av visuellt fokus understryker besökarnas fysiska närvaro i verket. Samtidigt som installationens ljud är överväldigande gör dess avsaknad av visuellt fokus att åhörarna ställs att betrakta sin egen och eventuellt andras rörelse i rummet.

I jämförelse med biografsalongens mörker eller museirummets så kallade *black box* för video- och filmkonst, som ju också påkallar betraktarens inlevelse, förblir betraktaren i *Forty-Part Motet* i det ljusa utställningsrummets synlighet. I den svarta lådan tillåts betraktaren sjunka in i rummets mörker, som ju också är en relativt avskild plats.[27] I *Forty-Part Motet* kan betraktaren däremot aldrig helt glömma sin egen fysiska närvaro i verket. Inte heller att detta är en offentlig plats i den meningen att den delas med andra (i de fall andra besökare var där samtidigt).

Vilka kan slutsatserna då bli av verkets performativa tilltal och de inskrivna betraktare som det förutsätter? Musiken fyller rummet samtidigt som installationens sparsmakade gestaltning gör betraktarna synliga inför varandra. Både styckets text och verkets fysiska gestaltning har beskrivits som tomt. För att det tomma rummet i *Forty-Part Motet* skulle förstås, inte som tomt utan som ett utrymme krävdes den konstinstitutionella inramningens utpekande av platsen. Likaså blev det först då – i detta konstteoretiska sammanhang – som betraktarens hantering av verket kunde formuleras som ett ianspråktagande av en plats i en offentlighet. Den detaljerade installationsbeskrivning som omgav *Forty-Part Motet* vittnar om att ett sådant utrymme inte bara finns. Det var med viss ansträngning som det inrättades. Om betraktarna accepterade verkets ramar innebar det att hen antog det som potentiellt meningsbärande och inte bara som ett "läte" att passera igenom. Eftersom *Forty-Part Motet* var abstrakt i den meningen att det inte förmedlade ett avkodbart budskap eller en gripbar berättelse fanns inte ett givet facit för tolkningen. Med Bals begrepp tilltalas betraktaren som ett "du" som i sitt svar kunde skifta till ett "jag". Den aktivitet som verket påbjöd kan också beskrivas med Rancières begrepp *subjektivation*, betraktaren blir i hanteringen av verkets olika delar situationens subjekt.[28] Politiken ligger då i en form av bemyndigande av betraktaren, denna antas som kapabel att svara och kan därmed inta en formerande pol i språket. Den politik ett verk som *Forty-Part Motet* kan sägas generera befinner sig då på en singulär nivå och den uppstår i enskilda situationer. Att utifrån en sådan situation försöka utvinna ett program för att realisera en mer övergripande politisk strategi vore att omintetgöra situationens möjlighet till politik.[29] I ett sådant program skulle politiken bli ett medel mot ett tänkt mål, dess underliggande konflikt skulle finna sin lösning och politiken, i den mening som den definierats ovan, skulle upphöra. Samtidigt är den situation som inrättas i *Forty-Part Motet* inte helt slumpartad. Installationen har uppförts på en rad olika platser och inhyst ett stort antal besökare. Som sådan kan verket gång efter annan bereda plats för potentiellt politiska situationer, men verkets egen räckvidd stannar just vid denna potentialitet. För att en politisk händelse ska komma till stånd krävs en betraktare som är i position att svara.

Vidare läsning

Mieke Bal, *Of What One Cannot Speak: Doris Salcedo's Political Art*, Chicago: University of Chicago Press, 2010.

Rosalyn Deutsche, *Evictions: Art and Spatial Politics*, Cambridge, Massachusetts: MIT Press, 1996. Alt. sv. övers: Deutsche, Rosalyn, "Agorafobi" ("Agoraphobia") i *Konst, makt och politik*. Översättning Kim West, red. Simon Sheikh. Skriftserien Kairos: 12. Stockholm: Raster, 2007.

Carol Duncan, *Civilizing Rituals: Inside Public Art Museums*, Abingdon: Routledge, 1995.

Oliver Marchart, *Post-Foundational Political Thought. Political Difference in Nancy, Lefort, Badiou and Laclau*. Edinburgh: Edinburgh University Press, 2007.

Margaretha Rossholm Lagerlöf, *Inlevelse och vetenskap. Om tolkning av bildkonst*, Stockholm: Atlantis, 2007.

Noter

1. Verket är centralt i ett av tre fall i min avhandling, där jag diskuterar olika utställningssituationers politiska dimensioner. Följande text är en bearbetad och förkortad version av undersökningens tredje fallstudie. Se vidare, Anna Lundström, *Former av politik. Tre*

utställningssituationer på Moderna Museet 1998–2008, diss. (Stockholms universitet, Göteborg: Makadam 2015).

2. Arthur Cohn, Dorothy Reina, Sara Davidson, Virginia och Smith Gregg, "Tallis, Thomas", i *The New Grove Dictionary of Music and Musicians*, red., Stanley Sadie och John Tyrell (London: Macmillan 2001), s. 36–48; Suzanne Cole, *Thomas Tallis and His Music in Victorian England*, Woodbridge: Boydell & Brewer, 2008, s. 98.

Forty-Part Motet utgår från en version av Thomas Tallis körverk *Spem in Alium* som uppfördes av Salisbury Cathedral Choir, inspelning och postproduktion genomfördes av SoundMoves, George Bures Miller redigerade verket och Field Art Projects producerade. http://www.cardiffmiller.com/artworks/inst/motet.html, 2017-02-08.

3. "Appendix A: Technical Requirements to the Exhibition Space", MMA MA F1a: 281.

4. "Appendix B: Technical Requirements to the Exhibition Space", MMA MA F1a: 281.

5. "Väggtext: 1:a På Moderna, Janet Cardiff", Ibid. På informationsskylten angavs också att verket var en omarbetning av *Spem in Alium Nunquam Habui* (1575) av Thomas Tallis, samt information om hur verket producerats.

6. Appendix A: Technical Requirements to the Exhibition Space", MMA MA F1a: 281.

7. Artiklarna sammanställdes senare i Brian O'Doherty, *Inside the White cube: The Ideology of the Gallery Space*, Berkeley: University of California Press, 1999. Se även Douglas Crimp, "On the Museum's Ruins," *October: Art, Theory, Criticism, Politics*, sommar 1980, nr 102, vol. 13, s. 41–57 och Mary Anne Staniszewski, *The Power of Display: A History of Exhibition Installations at the Museum of Modern Art* (Cambridge, Massachusetts: MIT Press 1998).

8. Arthur C. Danto, "The Artworld," *The Journal of Philosophy* 61, nr 19 (1964), s. 571–84. Se även Arthur C. Danto, *The Transfiguration of the Commonplace: A Philosophy of Art* (Cambridge, Massachusetts: Harvard University Press 1981).

9. Styckets originaltext var en liturgisk växelsång på latin. Cohn m.fl., "Tallis, Thomas", i *The New Grove Dictionary of Music and Musicians*, s. 45. Den engelska, sekulariserade text som har överlevt (*Sing and Glorify Heaven's High Majesty*) är en hyllningssång till rådande monarker och framfördes 1610 och 1616 för att fira installeringarna av prins Henry respektive prins Charles som tronarvingar. Den texten är daterad till 1600-talets första decennium, ibid., s. 42.

10. Mieke Bal och Norman Bryson, "Semiotics and Art History", i *The Art Bulletin*, vol. 73 nr 2 (New York: College Art Association 1991). Se även Wolfgang Kemps resonemang kring *implicerade* betraktare, Wolfgang Kemp, "The Work of Art and Its Beholder: The Methodology of the Aesthetic of Reception", i *The Subjects of Art History: Historical Objects in Contemporary Perspectives*, red., Mark A. Cheetham, Michael Ann Holly, och Keith Moxey, övers. Astrid Heyer och Michael Ann Holly (Cambridge: Cambridge University Press 1998), s. 180–196.

11. Mieke Bal, *Looking In: The Art of Viewing* (Abingdon: Routledge 2001; 2004), s. 164–165.

12. Bal själv får störst användning av modellen då hon analyserar etnografiska museers sätt att berätta om minoritetsgrupper, med the American Museum of Natural History i New York som exempel, Mieke Bal, "On Show: Inside the Ethnographic Museum", i *Looking In*, s. 117–160.

13. "Arbetspapper, konstnärsförslag," 2004, MMA MA F1a: 251.

14. Bal lyfter också fram möjligheten till ett sådant alternativt tilltal, Mieke Bal, *Looking In*, s. 165–166.

15. Ibid.

16. "Väggtext: 1:a på Moderna, Janet Cardiff", MMA MA F1a: 281.

17. Norman Bryson i Mieke Bal *Looking In*, s. 5.

18. Se exempelvis Andrew Benjamin, "Including Transformation: Notes on the Art of the Contemporary", i *The New Aestheticism*, red., John J. Joughin och Simon Malpas (Manchester och New York: Manchester University Press 2003), s. 213–214. Resonemanget har också beröringspunkter med det som Thierry de Duve för i "Archaeology of Practical Modernism", i *Kant after Duchamp* (Cambridge Massachusetts: MIT Press 1996).

19. Även Luka Arsenjuk använder detta ord då han beskriver hur Rancières politik opererar enligt en sorts "tomrummets och tilläggets logik", Arsenjuk, "Introduktion till Jacques Rancière", övers. Staffan Johansson, i *Fronesis: Det politiska*, nr 19–20, 2005; 2010, red., Leila Brännström, s. 91. Se även Jacques Rancière, "Politikens början" ("Le commencement de la politique", i *La Mésentente, politique et philosophie* 1995) övers. Sven-Olov Wallenstein, i *Texter om politik och estetik* (Site edition, Lund: Propexus 2006), s. 35–39.

20. Jacques Rancière, "Delandet av det sinnliga" (*Le partage du sensible: Esthétique et politique* 2000) övers. Christina Kullberg i ibid., s. 200–202 och passim.

21. Rancière, "Politikens början"; Jacques Rancière, "Orätten: politik och polis" ("La commencement de la politique" och "Le tort: politique et police", i *La Mésentente, politique et philosophie* 1995), övers. Sven-Olov Wallenstein, i *Texter om politik och estetik*. Se även Jacques Rancière, *Den okunnige läraren: Fem lektioner om intellektuell frigörelse* (*Le maître ignorant: Cinq leçons sur l'émancipation intellectuelle* 1987) övers. Kim West, Göteborg: Glänta, 2011.

Anrop och svar   61

22. Jacques Rancière, *Dissensus: On Politics and Aesthetics*, red., och övers. Steve Corcoran (London: Continuum 2010; 2012), s. 137.

23. Jfr. ibid., s. 138–139.

24. Se Danto, op cit, om detta

25. Wolf Frobenius, m. fl. "Polyphony." *Grove Music Online. Oxford Music Online.* Oxford University Press, 23-01-2017, http://www.oxfordmusiconline.com.ezp. sub.su.se/subscriber/article/grove/music/42927.

26. Tallis stycke var dock i sin tid i hög grad officiell musik, eftersom det handlar om kyrkomusik som användes som kröningsmusik, jfr not 9 ovan.

27. Jfr. Charlotte Klonks resonemang kring hur den svarta lådan fullföljer de principer som O'Doherty tillskrev den vita kuben, det vill säga ett kroppslöst, semi-religiöst betraktande där vi förlorar vår relation till omvärlden, Klonk, *Spaces of Experience: Art Gallery Interiors from 1800 to 2000* (New Haven och London: Yale University Press 2009), s. 216–218.

28. Se exempelvis Rancière, "Politikens början" och "Orätten: politik och polis", övers. Sven-Olov Wallenstein, i *Texter om politik och estetik*, s. 36 respektive s. 41–43, och passim.

29. Rancière påtalar i *Den okunnige läraren* hur lätt idén om intellektuell frigörelse blir ett folkbildningsprojekt om det omsätts i större skala, se exempelvis Rancière, *Den okunnige läraren*, s. 146–150.

Den performativa blicken
Peter Gillgren

Elif Shafaks roman *The Gaze* (Blicken) handlar om ett omaka kärlekspar i Istanbul. Hon är oerhört stor och har ett groteskt utseende, han är väldigt småväxt och helt skallig. De ses ogärna ute tillsammans utan håller sig mest för sig själva, bortom allas blickar. Kvinnan hade, påpekar Shafak, "inte varit så ful om hon inte hade blivit sedd".[1] Ibland när de går ut tillsammans målar de sig, han med smink och hon med en mustasch. Det kan vara ett sätt att avvärja blickarna, tänker de, men istället slutar det inte sällan med att de framåt småtimmarna råkar i slagsmål på någon skum krog. Mannen börjar samla på blickar, som noteras och klassificeras i ett arkiv. Men det är inte heller till någon hjälp. Historien slutar sorgligt.

Det är blickar som gör de här människorna till vad de är eller blir. Om en annan kvinna i romanen heter det å andra sidan "att hon inte hade varit så vacker", om hon i sin tur inte hade blivit sedd. Blickar kan få oss att känna uppskattning eller kritik, beundran eller förakt. Inom psykologin och existentialismen spelar blickar en viktig roll, det är 'den andres blick' som bekräftar och formar oss människor.[2] Genom andras ögon lär vi känna oss

---

Hur du refererar till det här kapitlet:
Gillgren, P. 2017. Den performativa blicken. I Hayden, M. H. and Snickare, M. (red.) *Performativitet: Teoretiska tillämpningar i konstvetenskap*: 1. Pp. 62–79. Stockholm: Stockholm University Press. DOI: https://doi.org/10.16993/bal.e. License: CC-BY 4.0

själva. Blickar är performativa. De inte bara registrerar verkligheten utan formar och förändrar den i hög grad.

I bildkonsten är blickar i hög grad aktiva agenter. Det gäller blickar som fälls, möts och agerar inne i bilderna, i det estetiska rummet. Men också blickar som rör sig i det reella rummet, utanför och kring konstverken. Spelet mellan det estetiska

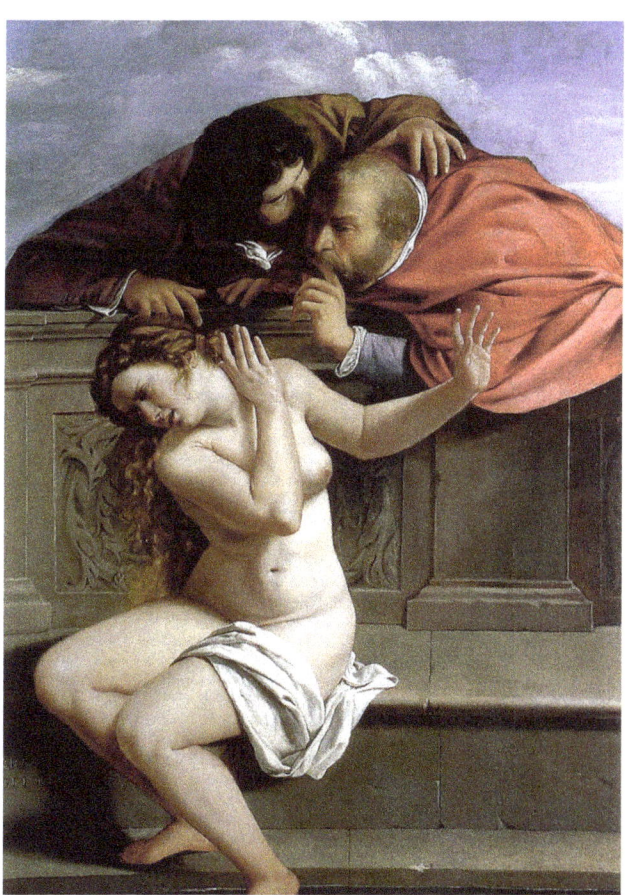

Bild 8. Artemisia Gentileschi, *Susanna i Badet*, 1610. Olja på duk. 170 × 119 cm. Schloss Weißenstein, Pommersfelden (Tyskland). Källa: Wikimedia Commons (Copyright CC-0, Public Domain)

och det reella rummet handlar i hög grad om hur blickar formuleras, manipuleras och möts i intrikata samspel.³

Artemisia Gentileschis målning *Susanna i Badet* är en av konstnärens tidigaste målningar, tillkommen 1610 när hon bara var 17 år gammal (bild 8).⁴ Historien är välkänd från Bibeln (Daniel 1), men egentligen behöver vi inte känna till den särskilt väl för att förstå målningen. Susanna skall ta ett bad, men antastas av två äldre män. Gubbar. De hänger över henne som ett obehagligt mörkt moln mot den ljusblå bakgrunden, de viskar och intrigerar med varandra och bryr sig inte om hennes obehag eller avvisande gester. Men det är inte bara männen i bilden som stör henne, det är också konstbetraktarens blick. Susannas avvisande gest är riktad lika mycket mot oss som mot männen. Å ena sidan blottas hennes nakna kropp för betraktarens utforskande blick. Å den andra sidan visar hon ett starkt obehag inför detta. Susannas kropp kränger sig i obehag, liksom blickarna kränger sig kring henne.

Målningen är komplex, genom att den både bekräftar och problematiserar det manliga betraktandet som norm och normalitet. Begreppet 'den manliga blicken' fick en definitiv bestämning av filmvetaren Laura Mulvey i en kort essä om 1950-talets Hollywoodfilm.⁵ Mulvey menar att män och kvinnor spelar olika roller i de här filmerna och har olika betraktarfunktioner. Männen agerar och driver handlingen framåt, de står för filmens narrativa inslag. Kvinnorna är passiva och objekt för publikens estetiska kontemplation. Båda funktionerna är fullt relevanta inslag i en film, men de stereotypa könsrollerna inte bara representerar en viss könsmaktsordning utan är aktivt med och skapar denna. Hollywoodfilmer från 1950-talet har alltså ett performativt anslag. De fostrar till ett visst strukturellt betingat betraktande och en viss patriarkal ideologi.

I Artemisias målning är Susannas kropp blek och vacker, idealiserad enligt klassiska konventioner. Hon är ett objekt för den kontemplativa blicken, hon möter aldrig betraktarens blick utan vi kan till synes ostörda betrakta henne. Betraktaren tilldelas tveklöst en subjektsposition. Men samtidigt visar Susanna på starkt obehag inför objektifieringen. Hon vill inte vara den vår blick gör henne till. På så sätt spelar hon inte Hollywoodrollen utan liknar mer den kvinnliga huvudpersonen i Shafaks roman. Hon ger öppet uttryck för sin vånda.

Vi kan även säga att det är betraktarens blick som gör hela den målade scenen till en bild av 'Susanna i badet'. Foten som doppas försiktigt i vattnet i bildens nederkant ger bara en liten antydan till ett badande. Det är betraktarens blick som läser av den som ett bad och som kopplar detta till berättelsen om Susanna. Den klassiska reliefen i bakgrunden förstås av blicken som en klassisk referens. Den förstärker intrycket av att Susannas kropp också den är klassisk, att hela bilden är en kommentar till en klassisk tradition av estetiska ideal och konventioner. Det finns en kylighet i färgskalan och miljön som är påtaglig och som ger betydelse åt bilden och åt Susannas obehag. Den här kvinnan är inte en del av naturen, hon är inte vatten, växter eller av djurvärlden. Den klassiska kyligheten förstärker intrycket att hon befinner sig i en urban, kulturell miljö där nakenheten är särskilt besvärande och onaturlig.

Vi blickar vidare. Målningen vi ser på är gammal, tillkommen för flera hundra år sedan. Kanske var den tiden annorlunda och man såg inte på de här sakerna likadant som idag? Men en jämförelse med andra bilder som representerar Susanna i badet, till exempel av Tintoretto eller Veronese, förstärker intrycket av att den här bilden vill säga någonting annat och annorlunda, att den inte bara är ett uttryck för sin tid utan kanske redan på sin tid ville verka performativt och förändrande. Hos andra konstnärer skildras Susanna som obekymrad av våra blickar. Männen smyger sig på henne och visar sig bara för oss betraktare. Männen – liksom vi själva – tillåts då ostört att se på henne utan att hon märker någonting, eller låtsas om vår närvaro. Susannas nakenhet skildras hos Tintoretto eller Veronese som mer naturlig, som en följd av kvinnans jordnära och av naturen givna karaktär, där nakenheten inte upplevs av betraktaren som lika störande och konstlad. Artemisias målning tycks som en kritisk kommentar till sådana, andra målningar och till den egna tidens patriarkala ordning.

Kanske är målningen annorlunda för att den är målad av en kvinna? Men vi vet inte mycket om hur Artemisia tänkte eller tyckte när hon utförde målningen. Många kvinnor delade sin tids patriarkala värderingar. En del män gjorde det inte. Eftersom Artemisia var så ung när målningen utfördes finns det flera konsthistoriker som tror att hennes far, som också var en berömd konstnär, var med och utförde målningen. Ibland har man velat dra paralleller mellan Artemisas måleri och den rättegång hon var indragen i, där fadern anklagade en annan konstnär för att ha våldtagit dottern. Men den händelsen ägde rum efter det att den här målningen utfördes, vilket gör att det är svårt att veta om den alls går tillbaka på några konkreta privat erfarenheter.[6] Vad vi däremot kan säga är att målningen spelar med och samtidigt undergräver den egna tidens – och andra tiders – konventioner kring kön och representation.

Vår egen blick kan tyckas performativ, som att den gör Susanna till den hon är. Det är sant. Men målningen är också en blick tillbaka mot oss. Den konstruerar oss som betraktare och får oss potentiellt att känna obehag inför den egna blicken mot bilden. Den *implicerar* ett visst betraktande. Ett implicit betraktande som målningen samtidigt deklarerar att den inte sympatiserar med. Begreppet *implicit betraktare* kommer från receptionsestetiken, som också förser oss med ytterligare några användbara begrepp i sammanhanget.[7] De två männen ovanför Susanna *fokaliserar* Susanna, det vill säga deras gester och blickar pekar ut henne som den centrala personen i sammanhanget. Samtidigt intar de en hotfull attityd gentemot henne. Som betraktare i det reella rummet tenderar vi att låta oss vägledas av sådana fokaliserande blickar och de bidrar till att inplantera en negativ, rent av destruktiv, relation mellan oss och huvudpersonen. Vare sig vi önskar det eller inte, tenderar vi att identifiera oss med de två männen, eftersom vi intar samma betraktande position i förhållande till centralmotivet.

Andra begrepp från receptionsestetiken är *fragment* och *vakanser*. Fragment är saker som är ryckta ur sitt sammanhang och därför förefaller oss som i särskilt behov av tolkning. Vakanser är hela scener som inte riktigt passar ihop utan behöver sammanfogas av betraktarens performativa blick. I Artemisia

Gentileschis målning finns inte mycket sådant, även om skymten av vatten i nederkant kan sägas vara ett fragment som får oss att tolka målningen som en bild av Susanna i badet och relationen mellan männen och Susanna som skulle kunna beskrivas som vakant (i behov av att förklaras och fyllas ut). En målning av Quentin Matsys från 1514 innehåller betydligt tydligare sådana fragment och vakanser.

Stämningsläget är mycket mer stillsamt här än i Susannabilden och allt tycks till att börja med vara i bästa harmoni (bild 9).[8] Två personer sitter vid ett

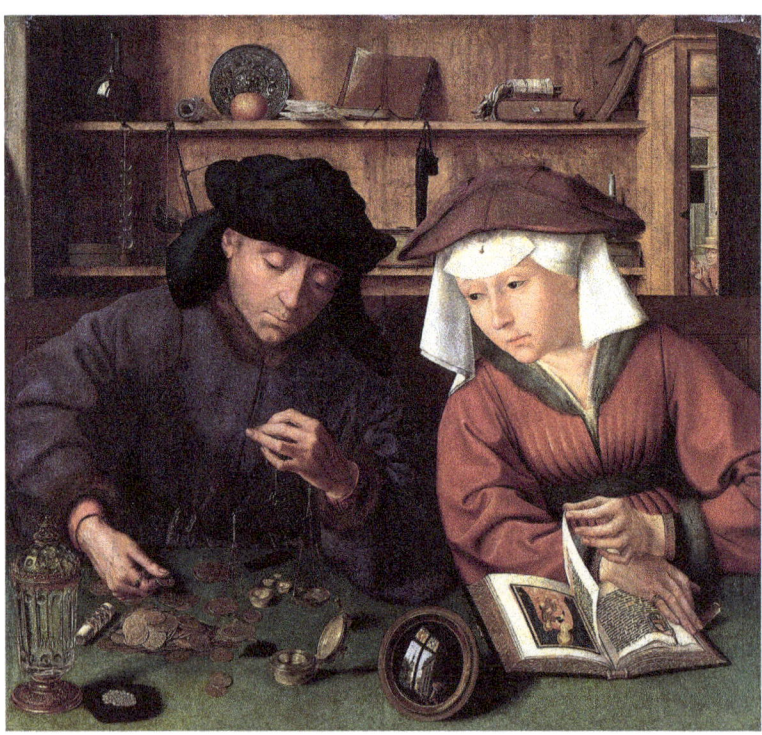

Bild 9. Quentin Matsys, *Myntväxlarna*, 1514. Olja på pannå. 71 × 67 cm. Louvren, Paris (Frankrike). Källa: Wikimedia Commons (Copyright CC-0, Public Domain)

bord och studerar en ansamling av föremål och ting. Mannen har blicken stadigt riktad mot en liten våg, på vilken han väger upp mynt. Kvinnan bläddrar i en liten bok med bland annat en bild av Maria och Jesusbarnet. Men hennes blick är inte riktad mot boken utan mot mannens syssla. Målningen är inte stor, bara 51 × 68 cm. För att se alla detaljer behöver vi komma nära. Så nära att vår blick blir jämbördig med parets. Liksom dem kommer vi att med blicken utforska de många detaljerna i bilden. Vad betyder alla dessa ting, alla de föremål som paret tycks tillmäta sådan allvarsam betydelse? Hur för vi samman alla dessa fragment till en sammanhållen förståelse och begriplig mening?

De viktigaste föremålen verkar vara pengarna och deras vägande, det är mynten som de båda figurerna fokaliserar. Men vid närmre betraktande är det nog snarast själva vågen som är i fokus. Den är så starkt fokaliserad att man tenderar att läsa allt annat i bilden som underordnat eller i varje fall relaterat till denna. Varför är den så viktig, vad betyder denna lilla våg? Kanske anger den makarnas profession, att de har som huvudsyssla att räkna och väga pengar? Flera konsthistoriker har tänkt så, och därför givit målningen namnet *Myntväxlaren*. Men vågen kan ha en symbolisk betydelse också, något man börjar misstänka när den är så viktig att den stjäl uppmärksamheten från allt annat; den dominerar över såväl kvinnans andakt som relationen makarna emellan. För den informerade och humanistiskt bildade betraktaren skulle vågen kunna symbolisera *Måttfullheten (temperantia)*. Både mannen och kvinnan ser onekligen måttfulla ut, som att de praktiserar denna dygd. De arbetar lugnt och systematiskt på sina sysslor. De förivrar sig inte och visar inga tecken på nervositet. Några prydligt upplagda pärlor, ringarna uppträdda på ett litet tygstycke och en del andra småsaker som ser exklusiva ut tyder också på att det är värderingen av sådana ting som paret ägnar sig åt i sin bod.

Vågen kan också stå som symbol för Yttersta domen, då alla själar skall vägas och värderas. Eftersom vågen ses alldeles intill bilden av Maria med Jesusbarnet ligger en sådan religiös tolkning inte allt för långt bort, trots den profana miljön i övrigt. På hyllorna bakom paret ligger en del böcker och ytterligare sådant som kan antas värdefullt. Dessutom ligger där ett äpple. Ett sådant oväntat inslag gör att vi gärna förstår föremålet som ett *fragment*. Eftersom det inte riktigt passar in i sammanhanget vill blicken gärna tolka och ge det en symbolisk betydelse. Äpplet kan i så fall vara en symbol för paradisets frukt, som Eva plockade och därmed förorsakade syndafallet. Vill målningen kanske berätta att makarna trots sin profana syssla – vissa skulle kanske till och med säga yrkesmässiga girighet – har de yttersta tingen och Gus vilja i ständig åtanke? Att de är fromma fast de kan tyckas så upptagna av världsliga bestyr?

I förgrunden ses också en liten spegel av venetiansk stil. Troligen även det ett värdefullt föremål, på sin tid. I spegeln syns ytterligare en liten scen, bilden av en ensam man som sitter och läser vid ett bord. Utanför hans fönster syns ett kyrktorn. I bildens utkant, vid sidan om kvinnan, ses ytterligare en liten scen. Två personer ser ut att vara inbegripna i en livlig diskussion. En av dem höjer handen och gestikulerar ivrigt. Relationen mellan de här två scenerna och huvudscenen är vakanta. Betraktaren frågar sig vad de har med myntväxlandet att göra. Blicken vill inte vara med på att det finns tillfälligheter i en bild, eller att sådana här målade bilder kan vara helt osammanhängande. Men vad säger *vakanserna* oss då? Hur får vi ihop dem till en berättelse?

Det enda som förenar scenerna är att de visar människor inbegripna i olika aktiviteter. Huvudfigurerna känner vi redan, de är upptagna av att väga mynt. De kommunicerar inte. Scenen i förgrunden visar en man som försjunkit i en bok, kanske en religiös bok eftersom kyrktornet bakom honom är så påtagligt. Det kan kanske vara en kommentar till kvinnan, som tappat fokus i sin andaktsläsning och istället börjat betrakta mynten och vägande. Scenen i bakgrunden visar två människor i dialog. Kan den också förstås som en kommentar till huvudbilden? Paret i mellangrunden har övergivit kommunikationen med omvärlden och med varandra för att istället koncentrera sig på vägandet av pengar och värdesaker.

I relation till dessa vakanser antar målningens betydelse plötsligt ett mer kritiskt perspektiv. Den blir därmed möjligen en bild av tidig kapitalism och medföljande alienation. Istället för att fokusera på from andakt eller mänsklig interaktion har det porträtterade paret blivit till främlingar för Gud, för världen och för varandra. Vi ser inga spår av kommunikation mellan makarna utan all uppmärksamhet är riktad mot de döda tingen: vågen, mynten, pärlorna etc. Nu är betraktaren plötsligt i ett moraliskt överläge och kan fördöma paret i bilden; om det inte vore för att vi själva precis ägnat åt oss samma materialistiska och nyfikna betraktande av föremål och detaljer i bilden. Det är inte i första hand paret i bilden – som de facto inte är något par utan bara lite oljefärg på en duk som den performativa blicken behagar utse till ett pengafixerat par – utan betraktaren själv som har att utstå denna kritik. På så vis kan vi åter säga, liksom i fallet med Artemisia Gentileschis målning *Susanna i badet*, att bilden ser tillbaka på oss. I betraktandet, i hur vi väljer att navigera bland de sakligheter som bilden ställer oss inför, måste vi nödvändigtvis involvera oss själva. Det är i hög grad våra egna fördomar och värderingar som sätts på spel i betraktandet. Kanske är den avsedda betydelsen i själva verket den motsatta: Slösa inte bort tiden med andaktsövningar och skvaller, koncentrera dig på ditt arbete istället! Den performativa blicken avslöjar oss, lär oss någonting och gör oss förhoppningsvis lite klokare.

Vilken är då skillnaden mellan ett vanligt *seende* och en *blick*? Allmänt kan sägas att seendet är mer förutsättningslöst och intresselöst, medan blicken är aktiv och skapande. Medan seendet kan vara fritt sökande och fullt av fantasier tenderar blicken att performativt skapa ordning och maktrelationer. Jacques Lacan, som betytt mycket för diskussionen om blickarnas psykologi, talade om *imaginär* respektive *symbolisk ordning*.[9] Den förra är fri och kreativ, den senare bestämmande och auktoritär. Den symboliska ordningen är kategoriserande och ofta klargörande men samtidigt begränsande. Den blir aldrig fullständig utan har att leva med en rest, en tydlig *brist*, i förhållande till den imaginära ordningen. Blickar som söker ordning skapar samtidigt en brist i förhållande till verkligheten, så som vi uppfattar den mer förutsättningslöst. Det betyder inte att Lacan menade att verkligheten finns inför oss, en gång för alla given. Snarare ville han peka på att språket aldrig är tillräckligt för att fånga människans levda verklighet. Den brist som den performativa blicken producerar i förhållande till ett mer intresselöst betraktande skall inte enbart förstås som någonting negativt. Tvärtom ger sig betraktaren in i konsten med en mer eller mindre uttalad *förförståelse* av att sådana brister måste få förekomma. Vi kan till och med säga att denna förlust är del av den estetiska njutningen.[10] Det finns ett masochistiskt inslag i betraktandet av konst som gör att vi kan finna tillfredsställelse i en sådan underkastelse. Samtidigt som blicken söker och konstruerar maktrelationer, tvingas den till ett erkännande av sina egna tillkortakommanden.

I en målning av Santi di Tito från 1593 betyder blickarna i bilden nästan allt, så pass att bilden närmast kan sägas handla just om blickar (bild 10).[11] Hela scenen verkar utspela sig i ett kyrkorum med en storslagen renässansarkitektur i klassiserande stil. I förgrunden står en man och en kvinna på knä. Mannen håller en bok framför sig och tycks läsa inför Kristus på korset. Den Korsfäste träder fram ur målningen bakom sig, som om han tillhörde den knäböjande mannens reella rum snarare än det estetiska rummet. Altartavlan bakom honom ser ut att representera ett storslaget landskap med låg horisont och mycket himmel. Kring hans huvud finns ett ljus i bilden som understryker samspelet mellan de båda *representationsnivåerna*.

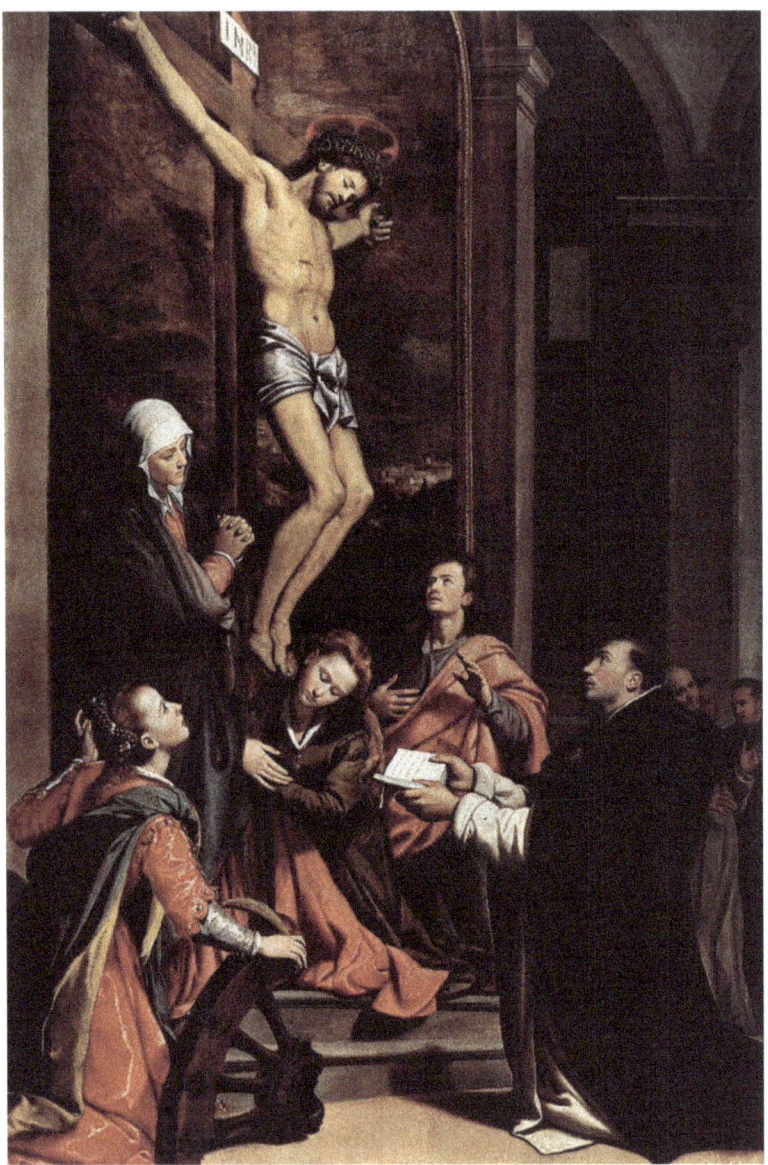

Bild 10. Santi di Tito, *Korsfästelse med helgon*, 1593. Olja på pannå. 362 × 233 cm. San Marco, Florens (Italien). Källa: Wikimedia Commons (Copyright CC-0, Public Domain)

Efter en stunds betraktande blir vi varse att även figurerna kring korset hör till en konventionell korsfästelsescen, och inte till den bedjande mannens reella rum. Där är Maria med händerna knäppta i bön på den ena sidan korset, Johannes på den andra sidan med handen förd mot hjärtat och med blicken riktad rätt mot Kristus, samt Magdalena vid korsets fot. Hon omfamnar korset och sänker blicken sorgset. De tre fokaliserar korsfästelsen på tre olika sätt: bön, blick och beröring.

Mannen till höger tycks trots allt ha ett mer distanserat förhållande till huvudscenen. Han känner den genom läsning, genom sin bok. Det lilla formatet gör det sannolikt att det är en andaktsbok han läser. Korsfästelsescenen han står inför är i själva verket ett resultat av hans egna fromma böner; av hans förmåga att frammana det inre och göra det till någonting yttre och verkligt. Det är en performativ blick som skildras. Kristus, Maria, Johannes och Magdalena finns där tack vare mannens fromma betraktande av altartavlan. Det är hans blick som får dem att framträda och att lämna bildens rum, det estetiska rummet, för det verkliga rummet. Vid närmre betraktande upptäcker vi att mannen med boken har en tunn gloria ovanför huvudet. Inte en sådan kraftig, röd korsgloria som Kristus men dock en gloria. Han tillhör alltså inte heller vår verklighet: han är ett helgon.

Kvinnan till vänster i bild ger kanske det mest realistiska intrycket. Hon står tydligare utanför korsfästelsescenen än de andra kring korset. Hon är delvis vänd bort från betraktaren framför målningen och lyfter blicken upp mot den Korsfäste. Ena handen lyfter hon, som i häpnad inför det hon ser, medan den andra handen håller en fjäderpenna och fragmentet av ett hjul. För den som är bevandrad i helgonikonografin blir hon – med stegelhjulet som symbol för sitt särskilda martyrskap – till Katarina av Alexandria. Men hon tycks trots allt sakna gloria, vilket helgon brukar ha.

Längst in i bilden ses några män i en dörröppning. Från där de står kan de knappast se någonting av altarmålningen eller de bibliska gestalter som framträder. Antagligen ser de den knäböjande mannen. De lägger sina huvuden bekymrat på sned, ger varandra menande blickar och gestikulerar lite uppgivet. De saknar helt helgonattribut eller glorior, men ser möjligen prästklädda ut. Äntligen några som tillhör vår värld! En värld där bild är bild, religion är religion och vår värld är definitivt skild från allt sådant som bara är imaginärt. En värld där inte representationen blir levande och lämnar sitt avskilda rum. Men i Santi di Titos målning är denna verkliga värld tillbakaträngd och förpassad till bakgrund och marginaler. De så påtagliga, färgstarka och realistiskt skildrade fantasifigurerna tränger sig mellan oss och den reella världen. Som om den hörde till vår värld, eller var resultatet av vår egen performativa blick mot duken.

Som betraktare kan man känn ett visst obehag inför bilder av det här slaget, bilder som implicerar ett betraktande som vilar på värderingar och föreställningar som man kanske inte delar. Målningen tycks påstå att vi delar en föreställning om att bilder kan bli till verkliga uppenbarelser för oss. Att det reella och det estetiska rummet inte är avskilda utan snarare bara är beroende av vår performativa blick. Om betraktaren bara önskade skulle målningen kunna bli levande, precis som målningen i målningen blir. Bilden berättar om en brist i vår föreställningsvärld. Den begär att vi skall underkasta oss en symbolisk ordning som vi inte uppfattar som reell. Vår blick strävar efter makt över bilden, som i sin tur kräver underkastelse. Därför är den estetiska tillfredsställelsen av att betrakta Santi di Titos målning – antagligen för renässansens lika väl som en samtida publik – tudelad och splittrad. Det är det som gör den både skrämmande och lockande.

De bilder vi här riktat intresset mot säger oss någonting om betydelsen av den performativa blicken. Bilder blir inte till det de är utan att våra blickar riktas mot dem. Vi vore själva heller inte vad vi är, om inte konstverken mötte våra blickar och såg tillbaka på oss. Utöver att representera andra världar och värderingar kan bilder påverka och förändra vår värld och våra värderingar. Konstverk vore inte så fula och så vackra, om de aldrig blev sedda.

Vidare läsning

Peter Gillgren, *Siting Federico Barocci and the Renaissance Aesthetic*, Farnham 2011.

Martin Heidegger, "... Poetically Man Dwells ...", *Poetry, Language, Thought*, New York 2001 [1971], s. 209–227.

Wolfgang Kemp, "The Work of Art and its Beholder. The Methodology of the Aesthetics of reception", *The Subjects of Art History. Historical Objects in Contemporary Perspective*, Cambridge 1998, s. 180–196.

Laura Mulvey, "Visual Pleasure and Narrative Cinema", *Screen* 16.3 (1975), s. 6–18.

Margaret Olin, "Gaze", *Critical terms for Art History*, Chicago 2003, s. 318–329.

Gaylyn Studlar, "Visual Pleasure and the Masochistic Aesthetic", *Journal of Film and Video* 37:2 (1985), s. 5–26.

Noter

1. Elif Shafak, *The Gaze*, London 2006 [1999], s. 46.

2. Se särskilt Jean Paul Sartre, *Varat och intet*, Stockholm 1983 [1943].

3. Angående begreppen estetiskt och reellt rum, se Leo Steinberg, "Observations on the Cerasi Chapel", *The Art Bulletin* 41 (1959), s. 183–190.

4. Litteraturen om Artemisia Gentileschi är synnerligen riklig. Här har jag använt fr.a. Keith Cristiansen & Judith Mann (red.), *Orazio and Artemisia Gentileschi*, Yale University Press 2001 samt Mieke Bal (red.), *The Artemisia Files*, Chicago University Press, 2005.

5. Laura Mulvey, "Visual Pleasure and Narrative Cinema", *Screen* 16.3 (1975), s. 6–18.

6. Gällande de här historiska frågorna, som är mycket omdiskuterade, se Nanette Salomonsen, "Judging Artemisia. A Baroque Woman in Art History", *The Artemisia Files*, red. Mieke Bal, Chicago University Press, 2005, s. 38–47 (33–61) samt vidare referenser där.

7. För en mer utförlig presentation av begreppen, se Peter Gillgren, *Siting Federico Barocci and the Renaissance Aesthetic*, Farnham 2011, s. 21–71.

8. Gällande den här målningen och konstnärens verksamhet i övrigt, se Larry Silver, *The paintings of Quinten Massys with catalogue raisonné*, Oxford 1984, s. 136–138.

9. Jacques Lacan, "The Mirror Stage as Formative of the *I* Function as Revealed in Psychoanalytic

Experience", *Écrits. The First Complete Edition in English*, övers. Bruce Fink, New York 2006, s. 75–81. För en genomgripande diskussion i förhållande till filmteorin, se Todd McGovan, "From the Imaginary Look to the Real Gaze", *Real Gaze. Film Theory and Lacan*, red. Todd McGovan, New York 2007, s. 1–20.

10. Den som utvecklat dessa tankar tydligast och i kritisk dialog med Mulvey är Gaylyn Studlar. Se t ex hennes "Visual Pleasure and the Masochistic Aesthetic", *Journal of Film and Video* 37:2 (1985), s. 5–26.

11. För en övergripande presentation av Santo di Tito och hans måleri, se Jack Spalding, *Santi di Tito*, New York 1982.

Jag är kanon
Om ORLANs performativa performance
Malin Hedlin Hayden

Man föds inte till kvinna, man blir det.
Simone de Beauvoir

Alltför ofta blandas de två begreppen *performance* och *performativitet* ihop med varandra, som om de vore synonymer och därmed betyder samma sak. Det gör de inte. Ett performance är inte per automatik performativt. Det förra är en konstform, medan det andra innebär en betydelsetvingande handling. När Judith Butler talar om "performance" är det det engelska ordet för handling/utförande som avses.[1] Jag använder här samma (engelska) ord, men som ett begrepp som på svenska refererar till konstformen. I relation till en serie verk av den franska konstnären ORLAN är det två olika aspekter som jag ska diskutera. Den första handlar om hur *kvinnlighet* och *skönhet* representeras som bild, men även hur dessa utförs som handlingar. Den andra aspekten gäller skillnaden mellan de två begreppen ett performance och det performativa, men också hur de kan samverka i ett och samma konstprojekt. Det är således hur

---

Hur du refererar till det här kapitlet:
Hayden, M. H. 2017. Jag är kanon: Om ORLANs performativa performance. I Hayden, M. H. and Snickare, M. (red.) *Performativitet: Teoretiska tillämpningar i konstvetenskap: 1.* Pp. 80–100. Stockholm: Stockholm University Press. DOI: https://doi.org/10.16993/bal.f. License: CC-BY 4.0

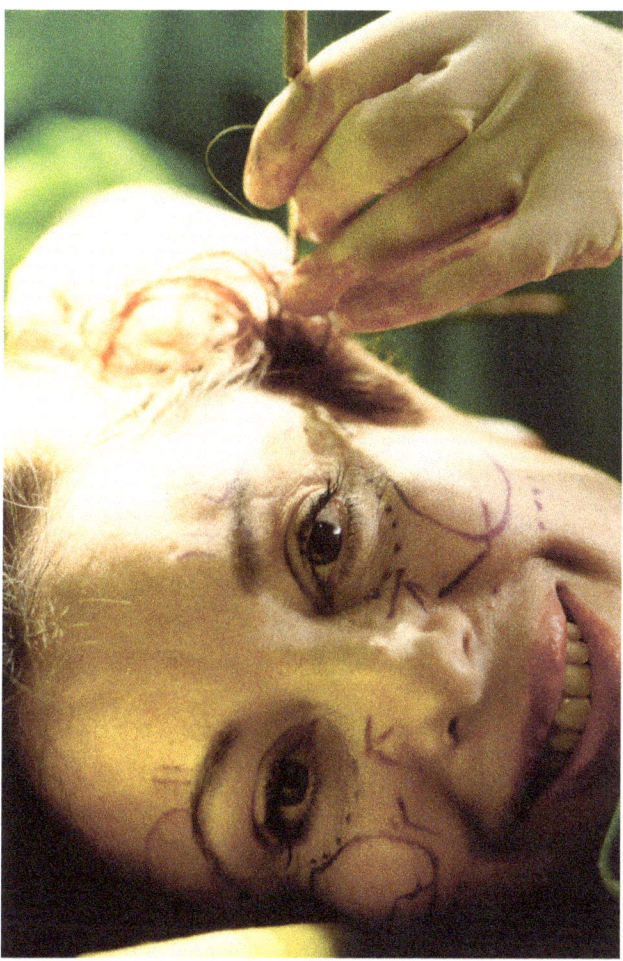

Bild 11. ORLAN, *Closed-up on one of Laughters During the Operation*. Serie: 7th Surgery-Performance Titled Omnipresence. Date: 21 november 1993. Cibachrome diasec mount. 65 × 43 inch. Fotograf/institution: ORLAN (Copyright CC-BY- NC-ND)

ORLAN arbetar med visuella genusmarkörer i relation till västerländsk konst och kanon samt hur "skön kvinnlighet" kan representeras som denna text fokuserar.

ORLAN (f. 1947) använder framförallt sin egen kropp i sina verk, både som fysiskt arbetsmaterial och som symbolisk referensram. Hon är en multimediakonstnär som arbetar med rörlig bild, skulptur, fotografi och installationer och det som hon själv benämner som *bio art* och *l'art charnel* ("köttslig konst").[2] Fokus i hennes konstnärskap har varit på relationerna mellan fenomen som kropp, kultur och beklädnader. Det verk som jag ska diskutera består av flera olika medier, även om hon själv kategoriserar verket som performancekonst: *La Réincarnation de Sainte Orlan ou Images nouvelles images* (Den Heliga Orlans reinkarnation eller Bild nya bilder) 1990–1993.[3]

1990 beslutar sig ORLAN för att "hon" ska återuppstå och påbörjar en omfattande förändringsprocess.[4] *La Réincarnation de Sainte Orlan ou Images nouvelles images* är en serie kirurgiperformances som initierades i maj 1990 i samband med en utställning.[5] Genom sammanlagt nio operationer av sitt ansikte var syftet att hon visuellt – det vill säga utseendemässigt – skulle komma att *efterlikna* en ideal form av förkroppsligad *kvinnlighet*.[6] Detta *ideal* hämtade hon från konsthistorien, bland annat från mytologiska motiv skildrade i verk som alltjämt ingår i den västerländska kanon av konstverk. I ORLANs verk är plastikkirurgi den centrala arbetsmetoden och den fungerar som en skulptural process: att lägga till eller att karva bort ur ett redan befintligt material – det vill säga, den köttsliga materia som den egna kroppen är.[7]

Själva operationssalarna fungerade som konstnärens ateljé där verken (hennes ansiktsförändringar) skapades. Varje operation planerades, utfördes och regisserades utifrån respektive förlaga; iscensättningarna kunde innebära klädval som t ex klänningen av designern Paco Rabanne som både hon och läkaren bar vid den fjärde operationen reproduktioner föreställande den specifika originalbilden till varje operation, olika föremål, val av texter ur vilka hon läste under operationen och hur operationen skulle filmas och fotograferas (bild 12 & 13) Förutom kirurgen, som utförde det skulpturala arbetet, närvarade också ORLANs assistenter och vid ett tillfälle även en dansare.[8]

Eftersom en mänsklig kropp inte kan vara anatomiskt ideal, utan alltid består av någon del som avviker – eller så att säga inte håller måttet – kan man med hjälp av olika tekniker och urvalsmetoder justera detta. Hur man gör detta beror förstås på i vilken form denna justering ska skapas: om det handlar om en tvådimensionell avbildning eller en verklig, levande kropp. Med dagens tekniker kan man göra stora förändringar, som att till exempel låta operera om sitt ansikte eller andra delar av sin kropp. När det handlar om *avbildning*, oavsett formen och materialet för detta, behövs det dock förlagor och en plan över hur dels processen ska utföras dels en tydlig idé om det avsedda visuella resultatet.

Enligt myten om när den antika grekiske konstnären Zeuxis skulle måla den vackrast *tänkbara* "kvinnan" utgick han från fem olika kvinnors kroppar. Hos dessa modeller fann han att olika kroppsdelar som enskildheter var ideala, medan varje individuell modells kropp i sin helhet inte var

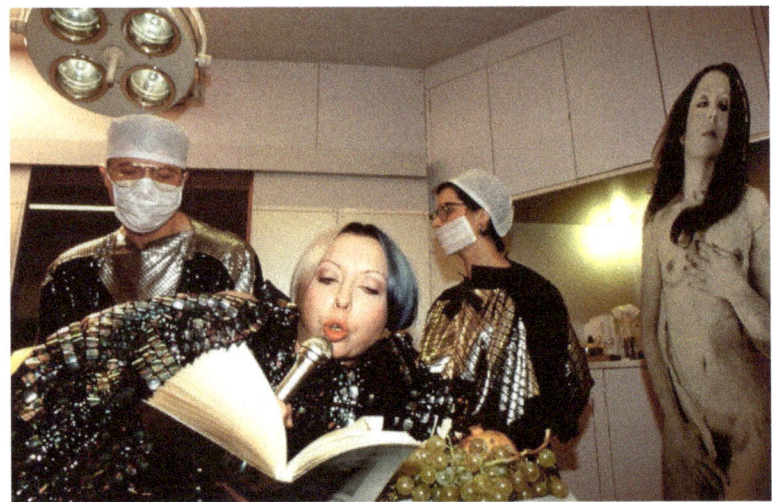

Bild 12. ORLAN, *Lacan Operates: Reading and Proceed to Act with Paco Rabanne dress*. Serie: 4th Surgery-Performance Titled Successful Operation. Date: 8 december 1991. Cibachrome diasec mount. 65 × 43 inch. Fotograf/institution: ORLAN (Copyright CC-BY- NC-ND)

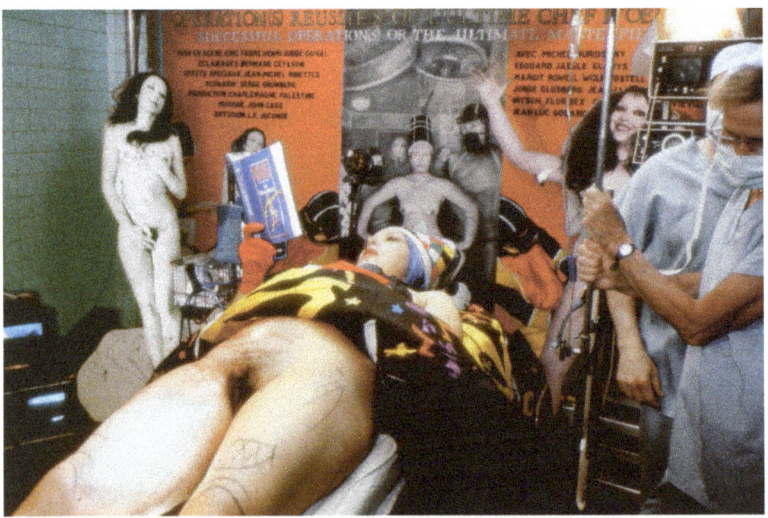

Bild 13. ORLAN, *I'm reading, he's operating me*. Serie: 5th Surgery-Performance Titled Operation Opera. Date: 6 july 1991. Cibachrome diasec mount. 65 × 43 inch. Fotograf/institution: ORLAN (Copyright CC-BY- NC-ND)

det. Zeuxis fragmentariserade således varje enskild kvinnas kropp och bara genom att utgå från den kroppsdel som han fann skönast kunde han förverkliga en *bild* av ideal kvinnlig skönhet. Genom att utgå från benen hos den ena, ansiktet hos den andra, armarna hos den tredje och så vidare kunde han i sin målning komponera en kropp så vacker att den bara kunde existera som bild: det vill säga, som ett ideal vilket han uppenbarligen inte kunde finna i verkligheten. Det handlade alltså om att ett (tänkt) universellt helhetsgrepp på kvinnlig skönhet endast kunde åstadkommas genom att omgestalta det partiella i form av en ny (ideal) sammansatt helhet. I målningen *Zeuxis väljer modeller till sin målning av Helena från Troja* (ca 1775–1780) har Angelica Kauffman tolkat denna myt och skildrar hur den manliga konstnären undersöker en modells underarm, medan tre andra gestalter inväntar granskningsprocessen. I sin bok om Kauffman skriver Angela Rosenthal att de förbereder sig för "mästarens blick", som avgör vilken av deras kroppsdelar som kan godkännas som förlagor.[9] Med vår tids bildtekniker kan man fotografera en kropp och sedan modellera om den med användning av program som till exempel photoshop.

I ORLANs verk *La Réincarnation de Sainte Orlan* rör det sig däremot om kroppsliga modifikationer; om en tredimensionell omgestaltning av det egna ansiktet med syftet att åstadkomma inte bara en visuell utan också en kroppslig (köttslig) representation av visuellt kanoniserad *kvinnlighet* som skulptural bild. Urvalsprocessen för ORLANs metamorfos var således en motsats till Zeuxis. Istället för att utgå från olika verkliga kroppar (förutom sin egen som här fungerar som en motsvarighet till en duk) vände hon sig alltså till ett annat visuellt arkiv: några av konsthistoriens kanoniserade verk (men likt i myten om Zeuxis är det också här det visuella som skildrar ideal skönhet).[10] Hon valde fem konstverk som på olika sätt representerar en idealiserad, universell och därmed ahistorisk kvinnlig skönhet *som motiv* och inte som verkligt levda kroppar. De kirurgiska ingreppen innebar att ORLANs panna kom att utgöra en tredimensionell avbildning (tolkning) av *Mona Lisa* (av Leonardo da Vinci, 1503–17), näsan utgick från en skulptur föreställande jaktens gudinna Diana (av okänd konstnär inom Fontainebleauskolan), munnen kopierades från Europa (François Bouchers *Europa och tjuren*, ca 1732) medan förlagan till kinden var Venus (Sandro Botticellis *Venus födelse*, 1485). Förebilden till ögonen – som både symboliskt och bokstavligt övervakade alla operationer – är Psyches som de målades av François Gérards i *Cupid och Psyche* (1798).[11]

Konstverk som ingår i kanon hör till de verk man alltjämt återfinner reproducerade som illustrationer till översiktliga berättelser om konstens historia. De fyra namngivna konstnärerna ovan har troligen alla studenter som studerar västerländsk konstvetenskap vid universitet stött på, medan *Mona Lisa* är ett verk som också är bekant för en mycket större grupp av människor. Det är detta som titeln på min text syftar på: att genom kirurgi kroppsligen omforma sig till en visuell representation av själva kanon. I ORLANs verk är således själva den kroppsliga förvandlingen som en *process av betydelsebärande handlingar* centralt i lika hög grad som resultatet vad gäller hennes eget utseende. Hennes verk innebär att förkroppsliga (åtminstone detaljer av) konstverk som en västerländsk kultur värderar allra högst. Men medan dessa verk behållit denna status, har inte skönhetsidealen alltid gjort det; det är inte de avbildade kvinnogestalterna som är kriteriet för värdet här, utan den exklusivitet som kommer ur det *icke reproducerbara* unika verket samt den konstnärliga skicklighet som verken är resultaten av. Från mitt tolkningsperspektiv som dels utgår från en feministisk position, dels från idéer om att både *kvinnlighet* och *skönhet* alltid är kontextuellt betingade visar ORLANs kirurgiperformance att också kanon är en konstruktion: ett värdesystem med visuellt innehåll. Judith Butler talar mycket om *läsbarhet* i relation till genusidentiteter och det jag ska göra i det följande är att koppla detta begrepp till ORLANs förkroppsligande av kanoniska enskildheter.[12]

Butler menar att *genus* är ett kroppsligt fält för kulturellt spel med identiteter. Det innebär att ens genusidentitet därför inte kan grundas i biologiska betingelser, utan alltid är en *historiskt situerad* och *agerad* tolkning av de möjligheter som står till buds för att framställa sig själv som ett så tydligt läsbart könat subjekt som möjligt.[13] De gester, beteenden och utseenden som vid en given historisk tidpunkt och som är socio-kulturellt situerade som just normativa genusformuleringar (som t ex kvinna, kvinnlig, icke-kvinnlig) är de enda som där och då (här och nu) är *läsbara* som (lyckade) utsagor av genus och därmed identitet. Identitet som utsaga innebär här att man agerar (framför, visar upp) vissa specifika beteenden, gester och visuella aspekter som är kodade – och därför läsbara – enligt rådande genusnormer.[14] Vissa utseenden och handlingar betyder alltså "kvinna" och innebär att vi förstår en individ som just det när en person beter sig och ser ut som "en kvinna": därför är *genus* – likt *kanon* – ett representationssystem som utspelas i sociala rum. På liknande sätt är uppfattningar och värderingar om vad som är idealt föränderligt över tid.

Den diskurs som konstvetenskap utgör kan vi jämföra med hur Butler diskuterar kring normer och subjekt: nämligen att diskurser skapar de subjekt om vilka den handlar.[15] Feministiskt inriktade konstvetenskapliga praktiker har (framförallt initialt) diskuterat och problematiserat idéer om konstnärssubjekt: till exempel som ett antagande om att konstnärer företrädesvis är män, eller att *manliga* konstnärer skapar bättre konst. I relation till detta har det *kvinnliga objektet* positionerats som motiv, inte som agent, i traditionell konsthistoria.[16] I *La Réincarnation de Sainte Orlan* formuleras båda dessa positioner i en och samma verkliga kropp/materialitet: ORLAN ser ut som *kanon* (utseendet är motivet) och hon gör detta utseende som ett konstverk skapat av ett konstnärligt subjekt. Medan kroppens materialitet är utgångspunkten för performancet, är operationerna performativa i den meningen att de "gör det de säger". Performancet kan varken ogöras eller omformuleras i termer av att vara spelad (eller illusorisk) i teatral bemärkelse, utan är den handling som konstituerar ORLANs ansikte som ett visuellt faktum (ett verkligt varande).[17] Det är läsbart både som ett uttryck för något *kvinnligt* och som en handling som manifesterar detta fenomen både som och inom kanon.

Det är alltså våra handlingar som är utgångspunkten för hur vi sedan förstår oss själva: hur man identifierar sig själv. Dessa handlingar måste vara återkommande för att framstå som naturliga och självklara: också för en själv. De är inlärda och vi utför dem som en internaliserad aspekt av oss själva.[18] I ORLANs verk sker denna repetition genom mängden operationer, samtidigt som det nya utseendet internaliseras direkt både på och av henne – blir henne i visuella termer. Om trovärdiga och därmed läsbara genusidentiteter skapas genom ett antal återkommande, samstämmiga men också olika uttryck och handlingar (d v s det räcker inte att ha till exempel en kort kjol på sig för att framstå som "kvinna"), är det antalet förlagor av kanoniserade visuella uttryck för "kvinnor" och det pågående arbetet (operationerna) som gör att vi kan tolka *Réincarnation de Sainte Orlan* som ett performativt performanceverk.

Om just förlagornas ansiktsdelar fanns vara ideala i sig enligt ORLAN är inte det viktiga här, utan om *var* hon hämtade dessa förlagor: i konstverk som valts ut och som cirkulerar inom allmän konsthistoria som *specifika* verk – dessa avbildade ansikten hör till de mest välkända inom den kontext som konstnärliga praktiker och konstvetenskap delar. Genom att låta transformera sitt eget ansikte antar hon en visuell likhet med några av alla de kanoniserade konstverk som föreställer "kvinnor". Likheten gäller dock inte helheten: efter operationerna ser ORLAN varken ut som en målning av Boucher, eller som Botticellis version av Venus. Eftersom de olika ansiktsdelarna har helt olika referenter – förlagor – kan hon inte samtidigt likna alla de original som varit hennes utgångspunkter. Man kan tolka detta i termer av att ideala enskildheter komponerade till ett nytt utseende resulterar dels i olikhet i relation till respektive förlaga, dels i ett samlat visuellt uttryck för kanoniserade kvinnlighet skönhet. Naturligtvis spelar också materialet en viktig roll när det handlar om likheter och visuell representation i allmänhet: olja på duk är väsensskild från en människokropp.

Jag menar att *La Réincarnation de Sainte Orlan* är att i ett uttryck *representera* både kvinnlighet och kanon som en dels en konstativ utsaga, dels som ett performativt handlande. Enligt Butler kan kön, genus och sexualitet bäst förstås som "performativa" iscensättningar, vilka innebär att vi inte handlar på bestämda sätt för att vi känner oss som kvinnor eller män. Tvärtom uppfattar vi oss själva som kvinnor eller män *därför att* vi handlar på bestämda sätt. Min poäng är att ORLAN med *La Réincarnation de Sainte Orlan* samtidigt arbetar med och i relation till båda dessa representationssystem och att detta verk är en performativ utsaga; hon reproducerar delar av kanoniska verk och gör sig därmed själv till en representation av kanon, samtidigt som hon visar på hur kvinnlighet är dels ett motiv, dels ett sätt att bete sig. Eller med Simone de Beauvoirs ord: ett blivande genom ett görande.

Det kan finnas en skillnad i om man talar om medicinska operationer i termer av skönhetsoperationer, kosmetisk- eller plastikkirurgi. Det vill säga om orsaken är att "förbättra" sitt utseende eller om det handlar om att återställa ett skadat ansikte. Men där den egna samtidens estetiska – och självförverkligande – ideal berörs samtidigt vad gäller alla tre aspekter. Den estetiska aspekten av *Réincarnation de Sainte Orlan* har olika och inte alltid överensstämmande konnotationer: estetik i relation till *konst* respektive estetik i relation till (uppfattningen av) det egna utseende. Det vill säga – beroende av vilket tolkningsperspektiv man har – om det primärt handlar om en estetisk förändring där kirurgin syftar till att i fysisk och därmed visuell bemärkelse låta försköna sig, eller om det kirurgiska ingreppet syftar till att (om-)formulera den egna kroppen/ansiktet som en estetisk kategori av *konst*.

Till skillnad från plastikoperationer som görs i helt privata och personliga syften, handlar det i relation till ORLANs verk om att på olika sätt kontextualisera kirurgin som en konstnärlig arbetsmetod och platsen som samtidigt en operationssal och ateljé. Förvandlingarna sker i form av konstformen performance, medan förvandlingen i sig är performativ i betydelsen att den är en förändrande handling – ett görande. Den visuella förändringen är bokstavligen inkarnerad (d v s förkroppsligad). Men konstverket är performativt också för att det rör sig om återkommande operationer som sammantagna representerar *ansiktet-som-kanon*. Den visuella representationen (ansiktet-som-kanon) fungerar som en *konstativ utsaga*: den befäster visuellt de kirurgiska ingreppen och resultaten av dessa.[19]

ORLAN använder sitt eget ansikte som en duk (plats), eller som en scen, där verket – och förändringen – sker;

det är på den yta som består av ansiktshuden, som utgör själva den materialitet till hennes "själavandringar". Reinkarnation betyder att ens själ antar en ny kroppslig gestalt efter döden. Det som symboliskt dör i ORLANs verk är hennes ursprungliga utseende. Hon har själv sagt att "kroppen är obsolet".[20] Butler menar att kroppen är en historisk idé; att en kropp är fysiskt materiell är inte samma sak som de kulturellt betingade normer och tolkningar den får sin betydelse via.[21] Det är *att* och *hur* en kropp betyder som är det centrala här. Det är kroppar vi läser som genusmarkerade identiteter. Att anta en ny kroppslig gestalt skulle här alltså innebära att kroppens betydelse ändras.[22] När ORLANs ansikte omgestaltas behöver det också omtolkas, oavsett om den fysiska materian det består av är densamma som före operationerna.

Medan ideal (i sträng bemärkelse) inte är realiserbara, fungerar de som kulturellt betingade förebilder och förlagor – inte helt olikt normer. När till exempel "fylliga läppar" fungerar som ett ideal sker det just i bemärkelsen som ett åtråvärt utseende. När ORLAN utgår från visuella representationer av kvinnliga gestalter, ligger det högt värderade (som här får jämställas med det ideala) i det faktum att dessa verk tillhör en västerländsk konstkanon. Att anta dessa som förebilder för det egna ansiktet innebär att också anta kanon som förebild, men med den viktiga aspekten att det är ORLAN själv som placerar sig som ett *förkroppsligat uttryck* för kanon.[23]

En viktig aspekt här är att de förvandlingar ORLANs arbete innebär förblir yttre: visuella tecken i materiell/kroppslig/köttslig form. Huruvida individen ORLAN är eller uppfattar sig som mer "kvinna" (eller som en annan, förändrad kvinna)är inte samma sak som att vara läsbar som *kvinna* eller som *kvinnlig*. När ORLAN blandar benämningarna för kvinna och man med varandra ("JE SUIS UNE HOMME ET UN FEMME")[24] markerar hon utsagor och antaganden som performativa genusmarkörer – inte den köttsliga kropp man också "är". Kroppen i sig har således ingen större betydelse för ens identitet som alltid är ambivalent, transformativ och osäkrad. Denna instabilitet mellan läsbarhet och varande är också det som Simone de Beauvoirs teori om att bli – eller tvingas till – "kvinna" syftar på.[25] ORLAN är konstnärens tagna konstnärsnamn, *persona*, och redan i sig en handling som destabiliserar tanken om en stabil, namngiven och singulär identitet.[26]

Austin anger inte själv ett absolut kriterium för hur man skiljer en performativ utsaga från en konstativ. Det gör däremot Klaus H Jacobsen i en artikel från 1971: "How to Make the Distinction Between Constative and Performative Utterances".[27] Med hjälp av hans resonemang ska jag bena ut skillnaden mellan performance och performativitet.

Enligt Jacobsen är den helt avgörande skillnaden att betydelsen i en konstativ utsaga inte är beroende av vem som uttalar den (d v s det sker ingen betydelseskillnad om du istället för jag säger att "ORLAN har opererat sig"). En performativ utsaga är däremot helt beroende av att en sådan överföring, eller överlåtelse, inte kan ske: den måste alltid utgå från ett specifikt subjekt och den måste ingå i ett (redan) upprättat åtagande. När Austin talar om performativa utsagor preciserar han dock att för att en handling, eller ett yttrande, ska vara performativt

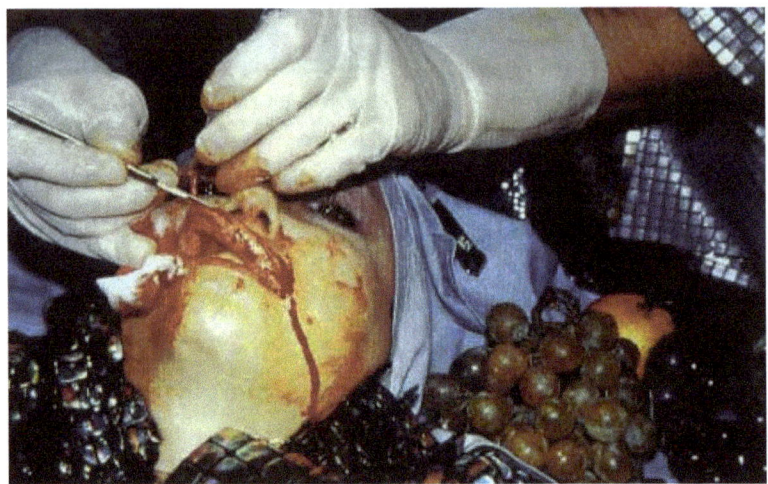

Bild 14. ORLAN, *4th Surgery-Performance Titled Successful Operation*. Serie: 4th Surgery-Performance Titled Successful Operation. Date: 8 december 1991. Cibachrome diasec mount. 65 × 43 inch. Fotograf/institution: ORLAN (Copyright CC-BY- NC-ND)

måste kontexten där den sker vara accepterad som en "konventionell procedur" (som ingåendet i äktenskap), den som utför handlingen vara skäligen passande samt att proceduren måste fullföljas av samtliga inblandade (det blir inget äktenskap om en säger nej).[28] Om vi utgår från detta kan vi säga att ett *performance* är ett konstativt uttryck så länge som vem som helst kan utföra det utan att dess primära betydelse förändras.[29] På samma sätt är bildmotivet ansiktet-som-kanon konstativt eftersom det kan opereras fram på vem som helst (även om antalet nödvändiga operationer skulle variera).

Mycket forskningsarbete inom feministisk konstvetenskap har inneburit att leta fram kvinnliga konstnärskap, att forska och sprida kunskap om dessa. I hög grad har detta utgått från en kanonkritisk position: att visa att det i det förflutna inte alls bara varit manliga konstnärer som skapat konst. Jag ska avsluta min diskussion med att koppla detta till ORLANs verk.

Den västerländska kanon består till stora delar av verk som skildrar kvinnliga gestalter, men de som har skapat dessa visuella representationer är oftare manliga konstnärer än kvinnliga.[30] Man kan därför se kanon som ett arkiv där kvinnlighet framförallt är ett motiv, medan agenten är manligt markerad. Att förändra kanon kan göras genom att skriva in andra verk, andra namn, och genom att förändra innehållet också förändra betydelsen av kanon. Jag vill alltså förstå *Réincarnation de Sainte Orlan* som en omformulering av kanon utifrån både innehåll och namn: motiv och handlande subjekt. Men, för att återknyta till Butlers teorier om genusidentiteter, är det framgångsrikt läsbart? Kan ORLAN passera som, eller skriva in sig i, kanon trots att hon efter operationerna inte alls ser ut som de kanoniska verken? Från ett feministiskt perspektiv är det viktigare att lyfta fram den störning som ORLANs verk innebär och därmed den förändringspotential som också ligger i performativa handlingar. Man föds inte in i kanon, men man kan operera sig den.

Vidare läsning

Estelle Barrrett & Barbara Bolt, red., *Carnal Knowledge: Towards a 'New Materialism' through the Arts*, I.B. Tauris, London & New York, 2013.

Peggy Phelan, *Unmarked: The Politics of Performance*, Routledge, London & New York, (1996), 2001.

Amelia Jones, *Self/Image: Technology, Representation and the Contemporary Subject*, Routledge, London & New York, 2006.

Amelia Jones, *Seeing Differently: A History and Theory of Identification and the Visual Arts*, Routledge, London & New York, 2012.

Tracy Warr & Amelia Jones, red., *The Artist's Body*, Phaidon, London & New York, 2000.

Vivian Sobchack, *Carnal Thoughts: Embodiment and Moving Image Culture*, University of California Press, Los Angeles, 2004.

Joan W. Scott, 'Gender: A Useful Category of Historical Analysis', *The American Historical Review*, vol. 91, no. 5, 1986, pp. 1053–1075.

Malin Hedlin Hayden, "On Candice Breitz's *Becoming*", *n.paradoxa: international feminist art journal*, special issue "Translate/Narrate", KT Press, London, , 2007, s. 50–57.

Noter

1. Judith Butler, "Performative Acts and Gender Constitution: An Essay in Phenomenology and Feminist Theory", *Theatre Journal*, Johns Hopkins University Press, vol. 40, nr. 4, 1988, s. 519–531.

2. Med *bio art* menas allmänt konst gjort av materia som hud, levande organismer, bakterier och där den konstnärliga tillverkningsprocessen använder metoder hämtade från bioteknik hämtade från den medicinska praktiken. Det var den brasiliansk-amerikanske konstnären Eduardo Kac som 1997 introducerade denna benämning. För ORLANs eget synsätt, se hennes manifest kring *art charnel*: http://www.orlan.eu/ (Januari 2017). En artikel som diskuterar relationen mellan *body art* och *bio art* är Max Liljefors, "Bodies against meaning: De-Subjectification in Body Art and

Bioart", *The* **Body** *as Gift, Resource, and Commodity. Exchanging Organs, Tissues, and Cells in the 21st century,* Martin Gunnarsson & Fredrik Svenaeus, red., Södertörns högskola, 2012, s. 169–203. 1992 visades utställningen *Post Human* på FAE Musée d'Art Contemporain i Lausanne. Temat var hur nya tekniker som bl a plastikkirurgi, genetisk manipulation och inopererade data-chip inte bara kunde förändra människors kroppsligen, utan därmed också påverka sociala relationer, självförståelse och identifikation. ORLAN var dock inte en av de representerade konstnärerna.

3. Se ORLANs hemsida under "Works", http://www.orlan.eu/ (Januari 2017). Min översättning. 1971 döpte hon sig själv till Heliga Orlan. Om denna inkarnation skriver Barbara Rose: "Her incarnation as Saint Orlan focused on the hypocrisy of the way society has traditionally split the female image into madonna and whore. She played off this long-entrenched dichotomy by exposing only one breast (as the nursing Virgin Mary is depicted), to differentiate Saint Orlan from a topless pinup." Barbara Rose, "Orlan: is it art? Orlan and the transgressive act", *Art in America* 81:2 (February 1993), pp. 83–125. http://web.stanford.edu/class/history34q/readings/Orlan/Orlan2.html

4. Se t ex Kate Ince, *Orlan: Millennial Female*, Berg, Oxford & New York, 2000, s 98; Orlan, *Orlan: carnal art*, Éditions Flammarion, Paris, 2004. Se även Jill C O'Bryan, *Carnal Art: Orlan's Refacing*, University of Minnesota Press, Minneapolis & London, 2005.

5. Se O'Bryan, s. 14. Samt Tanya Augsburg, "Orlan's performative transformations of subjectivity", i Peggy Phelan & Jill Lane, red., *The ends of performance*, New York University Press, New York & London, 1998, s. 285–315.

6. Operationerna ägde rum 21 och 25 juli, 6 september och 8 december 1990; 6 juli 1991; Februari 1992; 21 november samt 8 och 14 december 1993. Se Orlan, *Orlan. Carnal art*, Éditions Flammarion, Paris, 2004, s. 122 samt "Biography", ibid., s. 248–249.

7. Redan 1979 gjorde Orlan ett videoverk direkt från operationsbordet. Hon var ansvarig för en utställning men drabbades innan vernissaget av utomkvedshavandeskap och behövde akut operation. Enda sättet att delta med ett eget verk blev därför att göra operationssituationen till utgångspunkten: ett *kirurgiperformance* som kunde visas som video. Idén blev att använda den medicinska/kirurgiska behandlingen som en *estetisk* situation. Verket heter *Urgence G.E.U.* Se Hans Ulrich Obrists intervju med Orlan, s. 196: *Orlan: Carnal Art* samt bilder s 118. Operationerna representerades som fotografier, videofilmer, installationer, teckningar i blod men fungerade också som ett skapande av de reliker (kroppsfragment) som Orlan använt i senare verk.

8. Dr. Chérif Kamel Zaar urförde de första sex operationerna. Den nionde utfördes av Dr. Marjorie Cramer, *Orlan. Carnal art*, s 130. Detta kirurgiperformance direktsändes till olika konstinstitutioner, se s. 130ff.

9. Angela Rosenthal, *Angelica Kauffmann: Art and Sensibility*, Yale University Press, New Haven & London, 2006, s. 4–8. Verket kan du se på: http://www.19thcenturyart-facos.com/artwork/zeuxis-selecting-models-helen-troy

10. Prototyperna för detta verk kan du se på: http://oldsite.english.ucsb.edu/faculty/ecook/courses/eng114em/beautyorlan.JPG (februari 2017)

11. Se Ince, s. 6. Återigen har O'Bryan något andra uppgifter. Hon anger att Gérards målning tillkom ca 1820. Den målning av Gérard som finns på Le Louvre är dock från 1798. Se: http://www.louvre.fr. Vidare anger hon att förlagan till munnen var Gustave Moreaus *L'enlévement d'Europé* från ca 1876, medan den målning med samma titel som finns på Musée d'Orsay dateras till 1869. Se: http://www.musee-orsay.fr/fr/collections/catalogue-des-oeuvres.

12. Butler om *läsbarhet*: se t ex Judith Butler, "Gender Regulations", *Undoing Gender*, Routledge, London & New York, 2004, s. 40–56.

13. Butler, "Performative Acts and Gender Constitution: An Essay in Phenomenology and Feminist Theory".

14. Se Butler, "Gender Regulations".

15. Ibid., t ex s. 50.

16. För en diskussion kring fransk feminism och Orlan, se Ince t ex s. 2–6.

17. Butler, "Performative Acts and Gender Constitution: An Essay in Phenomenology and Feminist Theory", s. 527.

18. Förutom de redan nämnda texterna av Bulter, se även Louis Althusser, "Ideology and Ideological State Apparatuses" (1969), i *Lenin and Philosophy and Other Essays*, Monthly Review Press, New York, (1971) 2001.

19. Austin talar om konstaterande utsagor (*constative utterances*) som antingen sanna eller falska, medan performativa utsagor är antingen lyckade eller misslyckade (även om han benämner detta som "happy or unhappy"): s. 54.

20. ORLAN i *Orlan. Carnal art*, s. 126.

21. Butler, "Performative acts and gender constitution: an essay in phenomenology and feminist theory".

22. Detta kan i en vidare jämförelse relateras till transsexualitet och könsbyten – oavsett om det senare innebär ett byte av namn och/eller att på kirurgisk väg byta kön. Se t ex Butler,"Gender Regulations".

23. Andra konstnärer som skapat verk i direkt relation till kanoniska konstverk är t ex Cindy Shermans serie *History Portraits* och Yasumasa Morimuras svit *Princess of Art History*.

24. Där korrekt franska skulle lyda: Je suis *un* homme et *une* femme. Dvs, 'une' används framför feminin artikel, 'un' framför maskulin artikel.

25. Simone de Beauvoir, *Le Deuxième sexe*, Gallimard, Paris, 1949. 2002 publicerades de ursprungligen två delarna för förstå gången i svensk översättning: Simone de Beauvoir, *Det andra könet*, översättning av Adam Inczédy-Gombos & Åsa Moberg, Norsteds, Stockholm, 2002.

26. Se http://www.orlan.eu/f-a-q/ (februari 2017)

27. Klaus H Jacobsen, "How to Make the Distinction Between Constative and Performative Utterances, *The Philosophical Quarterly*, vol. 21, no. 85, Oxford University Press, 1971, s. 357–360.

28. Se Austin, s. 14–15.

29. Exempel på performance som har uppförts flera gånger är t ex Marina Abramovićs *Imponderabilia* som iscensattes av andra medverkande vid hennes retrospektiva utställning på MoMA, New York, 2010. Elin Wikström har gjort verk som är just repeterbara: t ex Rebecka väntar på Anna, Anna väntar på Cecilia, Cecilia väntar på Marie..., 1994.

30. När konstnärer markeras på detta sätt handlar det alltså om att fysiologiskt markera individer; manliga avser här de människor som utifrån fysiologisk bemärkelse benämns som män. Butler menar dock att både kön och genus är konstruktioner.

Litteraturförteckning

Arkiv

af Petersens, Magnus, "Den 1:a På Moderna (på Konstnärshuset), Janet Cardiff Forty-Part Motet, 1 Feb 2006 Kl 18–20", Moderna Museet, Stockholm, 2006. MMA MA F1a: 281.

"Appendix A: Technical Requirements to the Exhibition Space", MMA MA F1a: 281.

"Appendix B: Technical Requirements to the Exhibition Space", MMA MA F1a: 281.

"Arbetspapper, konstnärsförslag" 2004, MMA MA F1a: 251.

"Väggtext: 1:a på Moderna, Janet Cardiff", MMA MA F1a: 281.

Otryckta källor

Ingersoll, Richard Joseph, *The Ritual Use of Public Space in Renaissance Rome*, opublicerad avhandling, University of California, Berkeley, 1985.

Rosenqvist, Johanna, "Transgressing the borders of textile art" paper framlagt vid *Gender and Power in the New Europe 5th Feminist European Research Conference*, Lunds universitet, 20–24 augusti 2003. https://lucris.lub.lu.se/ws/files/6103686/3046620.pdf

Webbsidor / Internetkällor

Paule Zajdermann, "Judith Butler. Philosophe en tout genre", Arte France & Assoc.2006: https://www.youtube.com

Janet Cardiffs och Georges Bures Millers: http://www.cardiffmiller.com

Designgruppen Front: http://www.designfront.org

Louvren: http://www.louvre.fr

http://vakanser.se/jobb/clay+modeller+product+design+2/

http://forward.com/articles/188460/one-mans-campaign-against-the-arch-of-titus-and/?p=all

http://www.orlan.eu/

http://www.19thcenturyart-facos.com/artwork/zeuxis-selecting-models-helen-troy

Tryckta källor

Adamson, Glenn, *Thinking Through Craft*, Berg, London, 2007.

Althusser, Louis, "Ideology and Ideological State Apparatuses", i *Lenin and philosophy, and other essays* (Lènine et la philosophie, 1971), övers. Ben Brewster, *Monthly Review Press*, New York, 2001.

Althusser, Louis, "Om ideologiska apparater: Med introduktion av Göran Therborn", Zenit, nr. 1, 1973, sidor? http://www.marxistarkiv.se/klassiker/althusser/althusser_om_ideologiska_apparater.pdf

Appadurai, Arjun, red., *The Social Life of Things: Commodities in Cultural Perspective*, Cambridge University Press, Cambridge, 1986.

Arsenjuk, Luka, "Introduktion till Jacques Rancière", övers. Magnus Wennerberg, i Leila Brännström, red., *Fronesis: Det politiska,* nr 19–20, 2005; 2010.

Attfield, Judy, *Wild Things. The Material Culture of Everyday Life,* Berg, Oxford, 2000.

Augsburg, Tanya, "Orlan's performative transformations of subjectivity", i Peggy Phelan & Jill Lane, red., *The ends of performance,* New York University Press, New York & London, 1998.

Austin, J. L., *How to Do Things with Words,* J.O. Urmson, red., Harvard University Press, London, 1962.

Bal, Mieke & Norman Bryson, "Semiotics and Art History", *The Art Bulletin,* Vol. 73, No. 2, June 1991.

Bal, Mieke, *Looking In: The Art of Viewing,* Routledge, Abingdon, (2001) 2004.

Bal, Mieke, red., *The Artemisia Files,* Chicago University Press, Chicago, 2005.

Bal, Mieke, *Travelling Concepts in the Humanities: A Rough Guide,* University of Toronto Press, 2002.

de Beauvoir, Simone, *Le deuxième sexe,* Gallimard, Paris, 1949.

de Beauvoir, Simone, *Det andra könet,* övers. Adam Inczédy-Gombos & Åsa Moberg, Norsteds, Stockholm, 2002.

Benjamin, Andrew, "Including Transformation: Notes on the Art of the Contemporary", i *The New Aestheticism,* John J. Joughin & Simon Malpas, red., Manchester University Press, Manchester & New York, 2003.

Bithell, Caroline & Peter Cooke, Wolf Frobenius, Izaly Zemtsovsky, "Polyphony", *Grove Music Online, Oxford Music Online,* Oxford University Press: http://www.oxfordmusiconline.com.

Boman, Monica, et al red., *Om konsthantverkare i 80-talet*, Carlsson, Stockholm, 1989.

Bourriaud, Nicolas, *Relational Aesthetics*, (*Esthétique relationelle*, 1998), övers. Simon Pleasance & Fronza Woods, Les presses du reel, Paris, 2002.

Bowen Raddeker, Hélène, *Sceptical History: Feminist and Postmodern Approaches in Practice*, Routledge, New York, 2007.

Brunnström, Lasse, *Svensk designhistoria*, Raster, Stockholm, 2010.

Butler, Judith, *Bodies That Matter. On the Discursive Limits of "Sex"*, Routledge, New York, 1993.

Butler, Judith, *Excitable Speech. A politics of the performative*, Routledge, New York, 1997.

Butler, Judith, *Gender Trouble: Feminism and the Subversion of Identity*, Routledge, New York & London, (1990), 1999.

Butler, Judith, *Genus ogjort. Kropp, begär och möjlig existens*, (*Undoing Gender* 2004), övers. Karin Lindeqvist, Norstedts, Stockholm, 2006.

Butler, Judith, *Genustrubbel: feminism och identitetens subversion*, övers. Suzanne Almqvist, Daidalos, Göteborg, 2007.

Butler, Judith, *Könet brinner*, Rosenberg Tiina, red., övers. Karin Lindeqvist, Natur och kultur, Stockholm, 2005.

Chadwick, Whitney, *Women, Art and Society*, Thames & Hudson, London, (1990) 2012.

Cohn, Arthur, Dorothy Reina, Sara Davidson, Virginia och Smith Gregg, "Tallis, Thomas", Stanley Sadie & John Tyrell, red., *The New Grove Dictionary of Music and Musicians*, Macmillan, London, 2001.

Cole, Suzanne, *Thomas Tallis and His Music in Victorian England*, Boydell & Brewer, Woodbridge, 2008.

Crimp, Douglas, "On the Museum's Ruins," *October: Art, Theory, Criticism, Politics*, nr. 102, vol. 13, summer 1980.

Cristiansen, Keith & Judith Mann, red., *Orazio and Artemisia Gentileschi*, Yale University Press. New York, 2001.

Dahlbäck Lutteman, Helena, "Konsthantverkets 1980-tal", i Monica Boman m. fl., red., *Om konsthantverkare i 80-talet*, Carlsson, Stockholm, 1989.

Danto, Arthur C., "The Artworld", *The Journal of Philosophy*, vol. 61, no. 19, 1964.

Danto, Arthur C., *The Transfiguration of the Commonplace: A Philosophy of Art*, Harvard University Press, Cambridge Mass. & London, 1981.

Derrida, Jacques, *Margins of Philosophy*, övers. Alan Bass, University of Chicago Press, Chicago, 1982.

Dickie, George, "Defining Art," *American Philosophical Quarterly*, vol. 6, no. 3 (July 1969).

Dickie, George, *Aesthetics: An Introduction*, Pegasus Press, Indianapolis, 1971.

Dickie, George, *Art and the Aesthetic: An Institutional Analysis*. Cornell University Press, Ithaca, 1974.

Dickie, George, *The Art Circle: A Theory of Art*, Haven Publications, New York, 1984.

Didi-Huberman, Georges, *Ce que nous voyons, ce qui nous regarde*, Minuit, Paris, 1992.

Dormer, Peter, "Den ideala världen i Vermeers lilla spetsknypplerska" (1988), i Torsten Weimarck, red., *Design och konst: texter om gränser och överskridanden. D. 2, Texter efter 1960*, Raster, Stockholm, 2003.

de Duve, Thierry, *Kant after Duchamp*, MIT Press, Cambridge Mass., 1996.

Edenheim, Sara, *Begärets lagar: moderna statliga utredningar och heteronormativitetens genealogi* diss., Lunds universitet, Brutus Östlings Bokförlag Symposion, Stehag, 2005.

Fischer-Lichte, Erika, *The Transformative Power of Performance: A New Aesthetics*, Routledge, London, 2008.

Frobenius, Wolf, m. fl. "Polyphony." *Grove Music Online*. Oxford Music Online, Oxford University Press, 23-01-2017, http://www.oxfordmusiconline.com.ezp.sub.su.se/subscriber/article/grove/music/42927.

van Gennep, Arnold, *The Rites of Passage*, Routledge & Kegan Paul, London (1909) 1960.

Gillgren, Peter, *Siting Federico Barocci and the Renaissance Aesthetic*, Ashgate, Farnham, 2011.

Hedlin Hayden, Malin, "On Candice Breitz's Becoming", *n.paradoxa: international feminist art journal*, KT Press, London, 2007.

Hedlin Hayden, Malin, *Out of Minimalism: The referential Cube. Contextualising sculptures by Antony Gormley, Anish Kapoor and Rachel Whiteread*, diss., Uppsala universitet, Acta Universitatis Figura Nova, nr 29, Uppsala, 2003.

Hedlin Hayden, Malin, *Video Art Historicized: traditions and negotiations*, Ashgate, Farnham, 2015.

Hedlin Hayden, Malin,"Women artists versus feminist artists: Definitions by ideology, rhetoric or mere habit?", i Hedlin Hayden & Jessica Sjöholm Skrubbe, red., *Feminisms is still our name. Seven essays on historiography and curatorial practices*. Cambridge Scholars Publishing, Newcastle upon Tyne, 2010.

Heskett, John, *Design – en introduktion*, Raster förlag, Stockholm, 2005.

Honour Hugh & John Fleming, *A World History of Art*, Macmillan, London, 1982.

Jay, Martin, *Downcast Eyes: The Denigration of Vision in Twentieth-Century French Thought*, University of California Press, Berkeley, 1993.

Jenkins, Keith, red., *The Postmodern History Reader*, Routledge, London, 1997.

Jones, Amelia, *Seeing Differently: A History of Theory of Identification and the Visual Arts*, Routledge, London & New York, 2012.

Kemp, Wolfgang, "The Work of Art and Its Beholder: The Methodology of the Aesthetic of Reception", övers. Astrid Heyer & Michael Ann Holly, i Mark A. Cheetham, Michael Ann Holly, & Keith Moxey, red., *The Subjects of Art History: Historical Objects in Contemporary Perspectives*, red., Cambridge University Press, Cambridge, 1998.

Klonk, Charlotte, *Spaces of Experience: Art Gallery Interiors from 1800 to 2000*, Yale University Press, New Haven & London, 2009.

Lacan, Jacques, *Écrits. The First Complete Edition in English*, övers. Bruce Fink, W. W. Norton & Co., New York, 2006.

Latour, Bruno, *Reassembling the Social: an Introduction to Actor-Network-Theory*, Oxford University Press, Oxford, 2005.

Liljenstolpe, Peter, *Studies in Roman Architecture. Configuring the Classical Orders*, diss. Uppsala universitet, Uppsala, 2000.

Lindberg, Anna Lena, "Den broderande konstnären", i Anita Göransson, red., *Sekelskiften och kön. Strukturella och kulturella övergångar år 1800, 1900 och 2000*, Prisma, Stockholm, 2000.

Lundahl, Gunilla, "Inte bara en bild", *FORM*, nr 6, 1986.

Lundström, Anna, *Former av politik. Tre utställningssituationer på Moderna Museet 1998–2008*, diss., Stockholms universitet, Makadam, Göteborg, 2015.

McGowan, Todd, "From the Imaginary Look to the Real Gaze", Todd McGowan, red., *Real Gaze. Film Theory and Lacan*, State University of New York Press, New York, 2007.

Miller, J. Hillis, *Speech Acts in Literature*, Stanford University Press, Stanford, California, 2001.

Mitchell, W. J. T., *What do Pictures Want? The Lives and Loves of Images*, University of Chicago Press, Chicago, 2005.

Moriel, L. "Passing and the performance of gender, race, and class acts: A theoretical framework." i *Women & Performance: a journal of feminist theory*, 2005/15:1.

Moxey, Keith, *The Practice of Theory: Poststructuralism, Cultural Politics and Art History*, Cornell University Press, New York, 1994.

Munslow, Alan, *Narrative and History*, Palgrave Macmillan, London, 2007.

O'Doherty, Brian, *Inside the White cube: The Ideology of the Gallery Space*, University of California Press, Berkeley, 1999.

Palmsköld, Anneli & Johanna Rosenqvist, "Handicrafting Gender: Craft, Performativity and Cultural Heritage", i Wera Grahn & Ross Wilson, red., *Heritage and Gender*, Routledge, New York & London 2016.

Palmsköld, Anneli & Rosenqvist, Johanna, "Att göra kön" i Christina Zetterlund, Johanna Rosenqvist och Charlotte Hyltén-Cavallius, red., *Konsthantverk i Sverige del 1*, Mångkulturellt centrum, Botkyrka 2015.

Panofsky, Erwin, *Studies in Iconology: Humanistic Themes in the Art of the Renaissance*, Oxford University Press, New York, 1939.

Preziosi, Donald, *The Art of Art History: A Critical Anthology* (1998), Oxford University Press, Oxford, 2009.

Rancière, Jacques, "Delandet av det sinnliga" (*Le partage du sensible: Esthétique et politique* 2000) övers. Christina Kullberg i *Texter om politik och estetik*, red. Christina Kullberg, m. fl., Site Editions, Lund, 2009.

Rancière, Jacques, "Politikens början", ("Le commencement de la politique", i *La Mésentente, politique et philosophie*, 1995) övers. Sven-Olov Wallenstein, i *Texter om politik och estetik*, red. Christina Kullberg, Jonas (J) Magnusson, Sven-Olov Wallenstein, Kim West, Site Editions, Lund, 2009.

Rancière, Jacques, *Den okunnige läraren: Fem lektioner om intellektuell frigörelse* (*Le maître ignorant: Cinq leçons sur l'émancipation intellectuelle*, 1987) övers. Kim West, Glänta, Göteborg, 2011.

Rancière, Jacques, *Dissensus: On Politics and Aesthetics*, red., och övers. Steve Corcoran, Continuum, London, (2010) 2012.

Rancière, Jacques,"Orätten: politik och polis" ("Le tort: politique et police", i *La Mésentente, politique et philosophie* 1995) övers. Sven-Olov Wallenstein, i *Texter om politik och estetik*, red. Christina Kullberg, m. fl., Site Editions, Lund, 2009.

Rosenqvist, Johanna, "Att ta saken i egna händer", i Clara Åhlvik & Otto von Busch, red., *Handarbeta för en bättre värld*, Jönköpings läns museum, Jönköping, 2009.

Rosenqvist, Johanna, *Könsskillnadens estetik? Om konst och konstskapande i svensk hemslöjd på 1920- och 1990-talen*, diss. Lunds universitet, Nordiska museet, Stockholm, 2007.

Rossholm-Lagerlöf, Margaretha, *Inlevelse och vetenskap: Om tolkning av bildkonst*, Atlantis, Stockholm, 2007.

Sartre, Jean Paul, *Varat och intet,* (L'Être et le néant, 1943), i urval och med inl. av Dag Østerberg, övers. Richard Matz (Jean-Paul Sartres text) och Suzanne Almqvist (Dag Østerbergs text), Korpen, Göteborg, 1983.

Satin, Morton, "One Man's Campaign Against the Arch of Titus – and how It Changed Italy's Jews", *Forward*, 1 December 2013, http://forward.com/articles/188460/one-mans-campaign-against-the-arch-of-titus-and/?p=all

Sear, Frank B., *Roman Architecture*, Batsford, London, 1982.

Searle, John R., *Speech Acts: an Essay in the Philosophy of Language*, Cambridge University Press, Cambridge, 1969.

Sennett, Richard, *The Craftsman*, Yale University Press, New Haven, 2008.

Silver, Larry, *The paintings of Quinten Massys with catalogue raisonné*, Phaidon, Oxford, 1984.

Snickare, Mårten, "How to do Things with Piazza San Pietro", Peter Gillgren & Mårten Snickare, red., *Performativity and Performance in Baroque Rome*, Ashgate, Farnham, 2012.

Snickare, Mårten,"Performing Papal Authority. Procession as a Commonplace in 17th Century Rome", i Cathryn Banks & Philiep Bossier, red., *Commonplace Culture in Western Europe in the Early Modern Period, II: Consolidation of Godgiven Power*, Groningen Studies in Cultural Change, Vol. XL, Peeters Publishers, Leuven-Paris-Walpole MA 2011.

Spalding, Jack, *Santi di Tito,* Garland, New York, 1982.

Staniszewski, Mary Anne, *The Power of Display: A History of Exhibition Installations at the Museum of Modern Art*, MIT Press, Cambridge Mass., 1998.

Steinberg, Leo, "Observations on the Cerasi Chapel", *The Art Bulletin* 41, 1959.

Stenberg, Bernt, Torsten Åkervall & Fredrik von Matérn, *Möbelstoppning som hantverk*, Sveriges tapetseraremästares centralförening (STC), Stockholm, 1988.

Studlar, Gaylyn, "Visual Pleasure and the Masochistic Aesthetic", *Journal of Film and Video* 37: 2, 1985.

Weimarck, Torsten, "Further reflections on the performative experiences of artefacts for everyday use", i Tomas Björk, red., *Det Åskådlig och det bottenlösa. Tankar om konst och humaniora tillägnade Margaretha Rossholm Lagerlöf, Eidos nr 22*, Stockholm University, Stockholm, 2010.

Yarden, Leon, *The Spoils of Jerusalem on the Arch of Titus. A Re-investigation*, Svenska institutet i Rom, Stockholm 1991.

Young, Iris Marion, *On Female Body Experience, "Throwing Like a Girl" and Other Essays*, University Press, New York, 2005.

Författarpresentationer

Peter Gillgren är professor i konstvetenskap vid Stockholms universitet. Han disputerade 1995 vid Uppsala universitet med en avhandling om målade epitafier i det tidigmoderna Sverige. Gillgrens forskning handlar framför allt om bildkonst från renässansen och barocken, ofta utifrån ett receptionsestetiskt perspektiv där det platsspecifika och betraktartillvända tillmäts stor betydelse i analyserna. Han intresserar sig också för frågor om multimedialitet och ljudlandskapens betydelse för förståelsen av konst. Gillgren är författare till bland annat *Siting Federico Barocci and the Renaissance Aesthetic* (Ashgate, 2011), *Vasarenässansen. Konst och identitet i 1500-talets Sverige* (Signum, 2009) samt redaktör för antologin *Performativity and Performance in Baroque Rome*, (Ashgate, 2012).

Malin Hedlin Hayden är professor i Konstvetenskap vid Stockholms universitet. Haydens forskning fokuserar samtida konst med inriktning på historiografi, begreppsanalyser, feministisk teori och curatoriella praktiker i ett internationellt perspektiv. Hon har publicerat artiklar om samtidskonst i antologier, vetenskapliga tidskrifter, konsttidskrifter samt utställningskataloger. Hennes publikationer omfattar bl a *Video Art Historicized: Traditions and Negotiations* (Ashgate, 2015), *Out of Minimalism: The referential cube. Contextualising sculptures by Antony Gormley, Anish Kapoor and Rachel Whiteread*

(Acta Universitatis, 2003) samt *Feminisms is still our name. Seven essays on historiography and curatorial practices*, Cambridge Scholars Publishing, 2010, i vilken hon var medförfattare och medredaktör, tillsammans med J. Sjöholm Skrubbe. För närvarande arbetar hon med forskningsprojektet *Rhetorical Feminism: women artists, art and political beliefs*. ORCID: 0000-0003-3217-0699

Anna Lundström FD i Konstvetenskap, är verksam vid Stockholms universitet och Moderna Museet, Stockholm. Lundström disputerade 2015 på avhandlingen *Former av politik. Tre utställningssituationer på Moderna Museet 1998–2008*. Lundströms forskning är inriktad mot utställningshistoria, curatoriella praktiker, samtidskonst och kritisk teori. För närvarande är hon knuten till ett forskningsprojekt som utgår från Pontus Hulténs arkiv och som initierats av Moderna Museet hösten 2015.

Johanna Rosenqvist, FD, disputerade 2007 på avhandlingen *Könsskillnadens estetik? Om konst och konstskapande i svensk hemslöjd på 1920-och 1990-talen*. Där undersökte Rosenqvist konstnärsrollen i den svenska hemslöjdsrörelsen. Hon har sedan dess forskat om visuella representationer av görande praktiker i projektet *Konsthantverkande och performativitet* vid Avdelningen för konsthistoria och visuella studier, Institutionen för Kulturvetenskaper, Lunds universitet 2011–2013. Rosenqvist är lektor i konsthantverkets teori- och historia vid Konstfack och i konst- och bildvetenskap vid Linnéuniversitetet samt medlem i redaktionen för *Konsthistorisk tidskrift*. Hon är styrelsemedlem i NORDIK, Nordisk kommitté för konsthistoria, sedan 2012.

Mårten Snickare är professor i konstvetenskap vid Stockholms universitet. Han disputerade 1999 med avhandlingen *Enväldets riter. Kungliga fester och ceremonier i gestaltning av Nicodemus Tessin d. y.* och har sedan dess publicerat en rad artiklar om det rituella och performativa bruket av barock arkitektur och konst. Tillsammans med Peter Gillgren var han redaktör för antologin *Performativity and Performance in Baroque Rome* (Ashgate 2012). Snickare har också intresserat sig för barockbegreppet och barocka tendenser i samtida konst och visuell kultur. Han har medverkat i flera utställningar på det temat, bland annat *Barockt* på Kulturhuset (2014). För närvarande forskar han kring Sveriges koloniala projekt under 1600-talet och hur dessa tog plats i den visuella kulturen i form av konstverk och andra bilder samt, inte minst, genom samlandet och utställandet av koloniala objekt. Snickare har tidigare varit verksam som intendent för teckningssamlingen vid Nationalmuseum. ORCID: 0000-0002-5925-3657

www.ingramcontent.com/pod-product-compliance
Lightning Source LLC
Chambersburg PA
CBHW040521220526
45473CB00013B/2942